Heribert Prantl
Der Terrorist als Gesetzgeber

Heribert Prantl

Der Terrorist als Gesetzgeber

Wie man mit Angst Politik macht

Droemer

Besuchen Sie uns im Internet:
www.droemer.de

Copyright © 2008 bei Droemer Verlag.
Ein Unternehmen der Droemerschen Verlagsanstalt
Th. Knaur Nachf. GmbH & Co. KG, München
Alle Rechte vorbehalten. Das Werk darf – auch teilweise –
nur mit Genehmigung des Verlages wiedergegeben werden.
Umschlaggestaltung: ZERO Werbeagentur, München
Satz: Adobe InDesign im Verlag
Druck und Bindung: C. H. Beck, Nördlingen
Printed in Germany
ISBN 978-3-426-27464-4

5   4   3   2   1

für Anna

Inhalt

Einleitung
Ketzer, Hexen, Terroristen. 9

1. Kapitel
Starker Staat, schwacher Staat. 15

2. Kapitel
Angst und Folter 43

3. Kapitel
Der Präventions- und Überwachungsstaat:
Verbeugung vor der Vorbeugung. 89

4. Kapitel
Mein Feind, der Terrorist 135

5. Kapitel
Der Flüchtling als Verbrecher. 169

6. Kapitel
Unmensch, Untat, Unrechtstat:
eine kleine Geschichte des Strafens 191

Schluss
Recht sichert Freiheit 213

Literaturhinweise 217

Ketzer, Hexen, Terroristen

Der Guerillero besetzt das Land, der Terrorist besetzt das Denken. Der Terrorist okkupiert die Schaltzentralen der Legislative und der Exekutive, er verseucht den Geist der Gesetze und verdirbt das Vertrauen in den Rechtsstaat. Die islamistischen Terroristen haben mit ihren Attentaten die Parlamente der demokratischen Staaten dazu getrieben, Grundrechte einzuschränken, sie haben deren Sicherheitsorgane dazu verleitet, jenseits der Legalität zu operieren; sie haben die Rechtsstaaten dazu gebracht, ihre Prinzipien in Frage zu stellen. Überall in den Ländern der westlichen Welt, in Washington, London, Paris und Berlin, werden vergiftete Paragraphen und Gesetzesartikel produziert, werden rechtsstaatliche Grundsätze geopfert, wird die Privatsphäre der Bürger missachtet. Die Terroristen sind zwar nicht, wie nach dem 11. September 2001 befürchtet, in Atomkraftwerke und Wasserversorgungsanlagen eingedrungen, nicht dort haben sie Unheil angerichtet. Sie haben es auf andere, subtil-gefährliche Weise getan. Sie nehmen beherrschenden Einfluss auf die Apparate und Brain-Trusts, in denen das Recht produziert wird, sie verändern die Sicherheitsarchitektur grundlegend, sie verkürzen die Freiheitsrechte, sie entwerten das klassische Strafrecht. Die Angst vor dem Terrorismus hat die westlichen Staaten zu Reaktionen getrieben, vor denen man Angst haben muss.

In ihrer Not reagieren die Rechtsstaaten auf den realen Terrorismus so, wie die Staaten des Mittelalters und der frühen Neuzeit auf die irreale Hexerei reagiert haben. Die Hexe oder der Hexenmeister, so war seinerzeit die Vorstellung, hatten nur den Willen, die Schöpfung und die Gesellschaft zu schädigen, und zu diesem Zweck hätten die Hexenleute einen Pakt mit dem Teufel geschlossen. Sie waren also strafwürdig, auch wenn sie noch keinen Schaden angerichtet hatten. Man konnte ja nicht bis zur Ausführung ihrer vernichtenden Pläne warten, sondern musste sie als gefährliche Subjekte möglichst früh unschädlich machen – zur Sicherheit der Gesellschaft und zur Abwehr von Gefahren.

Der Bielefelder Rechtshistoriker Wolfgang Schild weist in seinen Arbeiten auf Parallelen zwischen den Hexenleuten (wie auch den früheren Ketzern) und den heutigen Terroristen hin. Das gilt natürlich nicht für die Wirklichkeit der Gefahr, sehr wohl aber für die Reaktion von Staat und Gesellschaft. Im Ketzer- wie im Hexereiverfahren wurden Sondervorschriften eingeführt: geringere Verdachtsgründe als sonst reichten zur Folterung aus, übel beleumundete Personen waren als Zeugen zugelassen, den Gerichten waren auch Denunzianten recht, und die Verteidigungsmöglichkeiten waren beschränkter als sonst – es handelte sich um schnelle, summarische Verfahren, die eher polizeilichen, also vorbeugenden, nicht strafrechtlichen Charakter hatten.

Unter der Herrschaft des Terrorismus verändert sich das aufgeklärte Strafrecht in fundamentaler Weise. Um Terroristen auf die Spur zu kommen (die ja, wie einst die Ketzer, unauffällig als »Schläfer« unter der Bevölkerung leben), wird die Gesamtbevölkerung subtil ausgeforscht – mit Abhöraktionen, mit Überwachungs- und Datenspeicherungsmaßnahmen, mit der Kontrolle der Bankkonten, mit ausgeklügelten Kontrollarrangements und Datensammlungen, bei denen Geheimdienste und Polizei kooperieren und die darauf zielen, Mobilität und Informationsverhalten der Bürger kontrollieren zu können. Es wird national und international eine Infrastruktur der Überwachung etabliert.

Mit sogenannten Terrorlisten haben die Staaten

ein Sanktionssystem jenseits des Rechts geschaffen; wer in diesen Listen geführt wird, dessen materielle Existenz ist bedroht: Sein Vermögen wird eingefroren, seine Bewegungsfreiheit eingeschränkt. Die Gelisteten müssen ihre Unschuld beweisen, ohne dass es ein verlässliches Verfahren dafür gibt. Dick Marty, der Sonderermittler des Europarates, hat die Listen als »rechtsstaatlich skandalös« kritisiert. Die Listung käme einer »zivilen Todesstrafe« gleich. Das ist leider richtig, denn sie führt zum Ausschluss aus dem Rechtsverkehr: Beispielsweise sind Grundstücksgeschäfte mit gelisteten Personen nicht mehr möglich; ein Widerruf der Anerkennung als Flüchtling ist wahrscheinlich.

Gegen Terroristen und vermeintliche Terroristen wird ein Sonderrecht geschaffen, das mit dem Recht für die normalen Bürger nichts mehr zu tun hat. Dieses Sonderrecht praktiziert oder akzeptiert Folter, oder es erwägt diese zumindest, es verwertet jedenfalls Kenntnisse, die erfoltert worden sind. Es trachtet nach Inhaftierung ohne konkreten Schuldnachweis, also aufgrund angenommener Gefährlichkeit. Es verkehrt die Unschuldsvermutung in ihr Gegenteil. Es ist ein Feindrecht. Und wer ist Feind? Das bestimmt die Definitionsmacht der herrschenden Politik. Die Feindstrafrechtslehre greift bei ihrer Definition bezeichnenderweise zu mittelalterlichen Bildern: »Wer sich dauernd wie der Satan aufführt, den kann man [...] nicht als Rechtsperson behandeln«, schreibt der Bonner Strafrechtler Günther Jakobs 2004 in einem Vortrag über »Staatliche Strafe«. Solchen Leuten wird also das Recht, Rechte zu haben, abgesprochen.

Auf diese Weise wird vom normalen Strafrecht ein Feindstrafrecht abgespalten, und das verbleibende normale Strafrecht verwandelt sich in ein Gefahrenvorbeugungsrecht: Je größer die Gefahr ist oder je größer sie erscheint, umso einschneidender werden die Maßnahmen, die (auch gegen völlig Unverdächtige) ergriffen werden, um so, angeblich, die Gefahr zu bannen oder zu minimieren; das führt etwa zur staatlich angeordneten Speicherung aller Telekommunikationsdaten auf Vorrat, das führt zu immer umfassenderer Überwachung und Kontrolle. In den längsten Phasen der Menschheitsgeschichte sind Täter, die tatsächlich oder vermeintlich die staatliche Rechtsordnung oder ihre Repräsentanten angegriffen haben, als Feinde und damit als rechtlos behandelt worden. Womöglich geht nun die kurze Geschichte zu Ende, in denen Staaten auch ihre Feinde dem Recht entsprechend behandelten, und sich, auch deswegen, Rechtsstaaten nannten. Innere Sicherheit wächst damit nicht. Die Garantien des Strafrechts sind keine Garantien mehr, wenn sie gerade dann nicht mehr gelten sollen, wenn es darauf ankommt.

Bismarck hat seinerzeit ein Attentat auf Kaiser Wilhelm I. benutzt, um den Liberalen in Deutschland den Garaus zu machen. Die Attentate der islamistischen Fundamentalisten führen dazu, dass in der westlichen Welt dem freiheitlichen Rechtsstaat und der Liberalität der Garaus gemacht wird. Eine Welt, die vom Terror in Angst und Schrecken versetzt wird und sich daraus nicht befreit, ist jedoch ihrer selbst nicht mehr sicher. Innere Sicherheit braucht die Sicherheit, dass die Grundsätze, die sie verteidigen will, sich auch bei dieser Verteidigung bewähren. Innere Sicherheit verlangt innere Festigkeit und unerschütterliches Vertrauen in die Grundrechte der Verfassung. Mit diesem Vertrauen gilt es, kollektive Sicherheit und innere Freiheit auszutarieren.

1. Kapitel

Starker Staat, schwacher Staat

W er nichts zu verbergen hat, der hat nichts zu befürchten: Das ist der erste Hauptsatz der Inneren Sicherheit. Mit diesem Satz begründen Politiker in ganz Europa jede neue Maßnahme, jedes neue Gesetz. Von jeder dieser neuen Maßnahmen und von jedem dieser neuen Gesetze hängt angeblich die Zukunft der Inneren Sicherheit ab: So war und ist es beim biometrischen Personalausweis; bei der zentralen Speicherung von klassischen und digitalisierten Fingerabdrücken; bei der staatlich verordneten Gesichtsvermessung; beim heimlichen Abhören, demnächst gar beim heimlichen Abfilmen von Wohnungen mit elektronischen Wanzen und Computerkameras. Wer nichts zu verbergen hat, der hat ja, angeblich, nichts zu befürchten ... auch nicht bei der heimlichen Überwachung von Telefonen, nicht bei der

Rasterfahndung, nicht bei der Videoüberwachung des öffentlichen oder öffentlich zugänglichen Raums, nicht bei der staatlichen Speicherung von Telefon- und Internetdaten auf Vorrat, wie dies in ganz Europa üblich geworden ist. Auch nicht bei der Abfrage von Kontodaten durch Steuerbehörden, Sicherheitsbehörden und Sozialbehörden und auch nicht beim Zugriff der Geheimdienste auf private Bankkonten, wie dies in Deutschland zur Terrorvorbeugung erlaubt worden ist.

In den USA wankt das Verbot bestimmter Vernehmungsmethoden, vulgo Folter. Bei Terrorverdächtigen, die irgendwo auf US-Stützpunkten festgehalten werden, gilt das Folterverbot wenig; und terrorverdächtig ist jeder, der des Terrors beschuldigt wird. Bei Terrorverdächtigen, die in Marokko, Ägypten oder Syrien im US-Auftrag vernommen werden, gilt das Folterverbot gar nicht mehr. In Deutschland hält die Politik zwar am Folterverbot fest, zugleich aber erklärt Bundesinnenminister Wolfgang Schäuble, dass Erkenntnisse, die unter fremder Folter erlangt worden sind, verwendet werden dürfen.

Die Begründung für all das und für noch viel mehr heißt: Nine Eleven. Seit dem 11. September 2001 ist die Politik der westlichen Welt dabei, ihre Rechtsstaaten in Präventionsstaaten umzubauen: Das Recht wird verdünnt, um so angeblich besser mit den globalen Risiken fertig zu werden. Die Beruhigungsformel dabei lautet, wie gesagt: Wer nichts zu verbergen hat, der hat nichts zu befürchten – allenfalls, ja nun, dass er, sein Telefon oder sein Konto ab und zu heimlich und »verdachtsunabhängig« kontrolliert wird, insbesondere, wenn er nicht so ausschaut oder sich nicht so verhält, wie ein Polizist, ein Grenz- oder Verfassungsschützer sich einen braven Bürger vorstellen. Es kann auch passieren, dass man ins Schleppnetz einer Fahndung gerät, die im Ungewissen nach Daten und Fakten fischt. Aber solche Kontrollen müsse man, so meinen die Politiker, im Interesse von mehr Innerer Sicherheit in Kauf nehmen.

Manchmal sind diese Kontrollen tödlich. Nach den Anschlägen in London vom 7. Juli 2005 war die Öffentlichkeit in ganz Europa erst einmal tief beeindruckt vom raschen Erfolg der staatlichen Aufklärung; der Erfolg wurde allgemein zurückgeführt auf die flächendeckende Überwachung öffentlicher Räume in Großbritannien, in London zumal. Dann freilich wurde bekannt, dass der vermeintliche Terrorist in London, der unmittelbar nach den Anschlägen von einem Polizisten erschossen wurde, ein harmloser brasilianischer Elektriker war. Er habe sich halt, hieß es, verdächtig benommen. Der Mann hatte bei warmen Temperaturen eine wattierte Jacke getragen und sah fremdländisch, eben brasilianisch aus. Laut Zeugenaussagen wurde er, schon am Boden liegend, mit mehreren Kopfschüssen getötet. Das war keine Entgleisung eines Polizisten, sondern die Ausführung der »Shoot-to-kill-in-order-to-protect-Policy«, wonach gezieltes Töten zum Schutz vor Anschlägen offiziell zulässig ist. Scotland-Yard-Chef Ian Blair billigte nach dem Todesschuss diese Vorgehensweise ausdrücklich und erhielt dafür Rückendeckung und Applaus von der Regierung Blair. Hinter dieser Anweisung steht die Überlegung, dass jemand, der eine Handgranate am Gürtel oder eine Sprengstoffkette am Körper trägt, sofort und mit jedem Mittel daran gehindert werden müsse, sie zu zünden – auch wenn man nur mutmaßt, er könnte so bewaffnet sein.

Wer nichts zu verbergen hat, hat nichts zu befürchten. Im Fall des brasilianischen Elektrikers konnte erst post mortem festgestellt werden, dass der Mann nichts zu verbergen hatte. Der erste Hauptsatz der Inneren Sicherheit stimmt also leider nicht immer. Der polizeiliche Todesschuss war nicht Reaktion auf eine echte Gefahr, wohl auch nicht auf eine Anscheinsgefahr, sondern nur auf einen vagen Gefahrenverdacht. Der Mann aus Brasilien war Opfer einer Hysterie.

Der Begriff »Anscheinsgefahr« beschreibt den Fall, dass sich der Polizist in einer Situation, die sich im Augenblick des Geschehens als Gefahr darstellt, in Sekundenschnelle für einen Eingriff entschlossen hat – sich aber hinterher die Annahme einer Gefahr als irrig erweist. Journalisten, Staatsanwälte und Richter, die anschließend ohne Zeitdruck befinden können, tun sich leicht mit einem Urteil. In Fällen der Anscheinsgefahr objektiv falsch reagiert zu haben kann man einem Polizisten nicht zum Vorwurf machen. Aber das hohe Risiko der aktuell betriebenen Terrorbekämpfung besteht darin, dass diese aus jedem Schein eine Gefahr macht. Beim »Gefahrenverdacht« ist, anders als bei der Anscheinsgefahr, das Tatsachenbild, das eine Gefahr begründen könnte, unvollständig; die Entscheidung, ob eine Situation gefährlich ist oder nicht, lässt sich noch nicht treffen. In solchen Fällen ist der Beamte verpflichtet, nicht zu schießen, sondern die Gefahr aufzuklären.

Bei der Terrorabwehr gelten diese Regeln nicht. Es wird von einer Gefahr ausgegangen, auch wenn nur ein vager Gefahrenverdacht besteht. Das zeigt sich exemplarisch bei der sogenannten Antiterrordatei. Die bundesdeutsche Antiterrordatei ist eine gemeinsame Datenbank von achtunddreißig verschiedenen deutschen Sicherheitsbehörden und Geheimdiensten, die ehedem (unter anderem wegen des Gebots der Trennung von Polizei und Geheimdiensten) nicht zusammengearbeitet haben. Nach dem Gesetz über die gemeinsame Antiterrordatei notieren die Geheimdienste darin sogenannte Gefährder. Da die Geheimdienste aber keine Erkenntnismöglichkeiten haben, die denen der

Polizei vergleichbar wären, kann es sich nur um Fälle des Gefahrenverdachts handeln; das bedeutet: Die Antiterrordatei enthält eine Vielzahl von Einträgen, die sich auf Vermutungen und Denunziationen stützen.

Es stimmt also nicht, dass nichts zu befürchten hat, wer nichts zu verbergen hat. Der Satz stimmt auch dann nicht, wenn per Gesetz geregelt wird, dass ein von einem Terroristen entführtes Zivilflugzeug abgeschossen werden soll. Dann werden nämlich Unschuldige geopfert – auf Verdacht, weil sie angeblich »ohnehin« in hoffnungsloser Lage seien. Wie aber kann bei fehlendem Funkkontakt festgestellt werden, ob es sich überhaupt um eine Entführung handelt? Wie kann festgestellt werden, welche Absichten die mutmaßlichen Entführer hegen? Was geht in den Menschen vor, die in einer entführten Maschine sitzen und nicht nur Angst vor ihren Entführern haben, sondern auch noch gewahr sein müssen, dass sie auf Befehl des Staates abgeschossen werden?

In der gesetzlichen Ermächtigung zur vorsätzlichen Tötung unschuldiger Menschen kulminiert die neue Sicherheitspolitik. Das Bundesverfassungsgericht hat dieser Sicherheitspolitik die Spitze zu brechen versucht: Es hat das Flugzeugabschussgesetz für verfassungswidrig erklärt.

Wer nichts zu verbergen hat, hat nichts zu befürchten. Manchmal stimmt das tatsächlich. Von einer einzelnen Videokamera geht sicherlich keine Gefahr aus, von ein bisschen Spucke, die einem unschuldigen Menschen genommen wird, auch nicht; eine Speichelprobe zur Aufklärung eines Verbrechens muss man ja nicht jeden Tag abgeben. Und die Videokamera, die den öffentlichen Raum überwacht, springt zwar nicht herunter, um zu helfen, wenn etwas passiert – aber sie kann immerhin für ein kleines Sicherheitsgefühl sorgen; und wenn mit den Bildern nicht Schindluder getrieben wird, kann die Kamera ganz sinnvoll sein. Es ist nicht automatisch der ein großer Rechtsstaatler, der neue Ermittlungs- und Aufklärungsmethoden grundsätzlich für Unrecht hält.

Wenn aber der Mensch fast überall mit staatlichen oder privaten Videokameras beobachtet wird, wenn diese zusammengeschaltet und die Bürger so gezielt erfasst und kontrolliert werden können, wenn mit Erfassungssystemen festgehalten wird, wo und wann sie welche Straßen benutzen, wenn die Daten ihrer Flüge registriert, ihre dortigen Essgewohnheiten festgehalten, ihre Computer elektronisch durchsucht, ihre Bankkonten staatlich visitiert, ihre Persönlichkeitsdaten, Krankheiten und Gebrechen zentral abrufbar werden, wenn gar Speichel- oder Blutproben zur Entschlüsselung und Speicherung des genetischen Codes schon im Säuglingsalter abgenommen werden – dann ergibt sich die gefährliche Totalität aus der Summe.

Die Erfassungsnetze, die alle Bürger umfassen, werden immer dichter, die beobachtungsfreien Zonen immer kleiner. Der Mensch wird zum Beobachtungsprojekt. Beobachtungsprojekte sind oder werden unfrei. Die Menschen, die in der DDR lebten, wissen, wie das funktioniert; der Regisseur Florian Henckel von Donnersmarck hat es in seinem Film *Das Leben der Anderen* geschildert. Aus dem freiheitlichen Rechtsstaat wird so ein für sich sorgender, ein solchermaßen »fürsorglicher« Vorbeuge- oder Präventionsstaat, der seine Bürger nicht mehr als unverdächtig, sondern als potentiell verdächtig, als »noch« nicht verdächtigt betrachtet.

Im fürsorglichen Präventionsstaat sind die Grenzen zwischen Unschuldigen und Schuldigen, zwischen Verdächtigen und Unverdächtigen aufgehoben. Bisher hat das Recht hier sehr genau unterschieden, bisher hat es Beweise, konkrete Fakten gefordert, um jemanden verdächtigen zu können. Nun aber gilt jeder Einzelne zunächst einmal als Risikofaktor, jeder Einzelne muss es sich daher gefallen lassen, dass er – ohne einen konkreten Anlass dafür geliefert zu haben – »zur Sicherheit« überwacht wird. An die Stelle des konkreten Verdachts ist ein Anfangs-Generalverdacht getreten.

Die fragwürdige EU-Richtlinie zur verdachtsunabhängigen Vorratsspeicherung von Telefon- und

Internetdaten ist in fast allen Ländern der Europäischen Union großzügig in nationales Recht umgesetzt worden. Das bedeutet: Alle Telekommunikationsdaten (Wer hat mit wem und wie lange mobil oder per Festnetz telefoniert?) und alle Internetdaten (Wer hat mit wem wann E-Mails ausgetauscht, und wer hat wann welche Internetseiten aufgerufen?) müssen »auf Vorrat« gespeichert werden – es könnte ja sein, dass die Sicherheitsbehörden diese Daten noch zu Ermittlungszwecken brauchen.

Wenn sich dann ergibt, dass der so Beobachtete, Registrierte, Belauschte und Geprüfte nicht gefährlich ist, wird er wieder zum Bürger. Bis dahin gilt jeder Einzelne als potentiell verdächtig – so lange, bis sich durch die Kontroll- und Überwachungsmaßnahmen seine Entlastung ergibt. Bisher war das umgekehrt: Wer keinen Anlass für staatliches Eingreifen gegeben hatte, wurde in Ruhe gelassen. Jeder konnte also durch sein eigenes Verhalten den Staat auf Distanz halten. Man nannte das Rechtsstaat.

Palinurus, der sagenhafte Steuermann des Äneas, war am Ruder eingeschlafen und musste diese Fahrlässigkeit mit dem Leben bezahlen: Im Schlaf wurde er von Bord gespült und dann von den Eingeborenen an Land erschlagen. Seit dem 11. September 2001 reden und handeln die Politiker der Inneren Sicherheit so, als sei die freiheitliche Demokratie eine palinurische, also eine fahrlässig unachtsame Demokratie. Sie behaupten, die westliche Gesellschaft habe es mit der Freiheit und Offenheit, der Liberalität, der Toleranz und dem Rechtsstaat übertrieben und erhalte nun die Quittung in Form von islamistischem Terrorismus. Die zivilisatorischen Grundwerte sind unter Generalverdacht geraten.

Kann es sein, dass das rechtsstaatliche Versprechen »in dubio pro libertate« (im Zweifel für die Freiheit) nur eine Schönwetterprognose war? Kann es sein, dass der Rechtsstaat das Versprechen in Zeiten terroristischer Bedrohung mit Bedauern zurücknehmen oder jedenfalls einschränken muss? Haben sich unsere Welt, die Realität, die Werthaltungen und damit das Fundament verändert, auf dem die Verfassung, die Straf- und die Polizeigesetze errichtet und ausgelegt wurden? Hat der Terrorismus womöglich nicht nur die Geschäftsgrundlage der Politik, sondern auch die des Rechts verändert?

Im römischen Recht gab es die »clausula rebus sic stantibus«, die sich als allgemeiner Rechtsgrundsatz erhalten hat, auf Deutsch »Wegfall der Geschäftsgrundlage«: Wenn die äußeren Umstände, die für Vertragsabschluss und Vertragsinhalt entscheidend waren, sich grundlegend ändern, muss der Vertrag den geänderten Umständen angepasst werden. Muss diese Regel nicht auch für die Rechtsordnung insgesamt gelten – bei grundstürzenden Bedrohungen? Muss dann nicht die Rechtsordnung angepasst werden?

Der Terrorismus von heute ist angeblich so gefährlich, wie es noch nie ein Terrorismus war. Die besessene Gläubigkeit der Attentäter und ihre fanatische Unerschrockenheit verstören die westliche Gesellschaft zutiefst, für die ihr eigener Terror schon alte Geschichte ist. Der religiöse Fanatismus, der Europa jahrhundertelang beherrschte, ist vergessen; der Fanatismus, mit dem Ketzer verfolgt und Hexen verbrannt worden sind, ist Stoff für historische Romane; der Holocaust Thema für Gedenktage; und die Hetzjagden gegen Ausländer werden in den Kriminalstatistiken vertuscht. Ist die Existenz von fanatischen Attentätern, die sich auf den Islam berufen und ihn damit pervertieren, ein Fall für den Wegfall der bisherigen rechtlichen Grundlagen des Rechts?

Wir neigen dazu, Gegenwärtiges als völlig neu und in seinen Auswirkungen einmalig zu begreifen. Doch bei aller Furchtbarkeit der Al-Kaida-Attentate: Die Auswirkungen des Attentats vom 28. Juni 1914 auf den österreichischen Thronfolger in Sarajewo waren sicherlich gewaltiger als die des 11. September 2001. Liegt man also ganz daneben mit dem Verdacht, dass die Einmaligkeit des neuen Terrorismus auch deswegen so betont wird, weil damit die Notwendigkeit entfällt, aus dem alten zu lernen? Und was wäre denn aus dem alten Terrorismus zu lernen? Zum Beispiel dies: dass massivste Verfolgung und eine das Recht sprengende Repression die terroristische Gewalt eher am Kochen halten, als dass sie diese beenden. Das sind die Erfahrungen aus der Bekämpfung der irischen IRA, der baskischen ETA und der deutschen RAF.

Ein Beispiel: Kriminalpolizei und Bundesanwaltschaft waren davon überzeugt, dass die völlige Isolierung der Häftlinge aus der Terroristenszene samt Kontaktsperre und Abriegelung des Verkehrs mit dem Verteidiger die Strafverfolgung der RAF erleichtern und neue Verbrechen verhindern könnte. Das war ein folgenschwerer Irrtum. Das Interesse an bombensicherer und reibungsloser Aufbewahrung der RAF-Häftlinge hat erstens lange Zeit jeden Gedanken an ihre Wiedereingliederung in die Gesellschaft verjagt. Und zweitens nährte dieser wirklich rigide Strafvollzug (der nicht zu verwechseln ist mit der vergleichsweise lockeren Untersuchungshaft in Stammheim) das RAF-Sympathisantentum: Die Aktivität der RAF lebte stets vom Schicksal der gefangenen Genossen und suchte darin ihre Rechtfertigung. Sämtliche Bekennerschreiben, sämtliche Pamphlete kreisten immer wieder um dieses zentrale Thema: die Haftsituation. Neue Morde wurden zum Signal an die inhaftierten Genossen: »Wir kämpfen für euch!« Im Kampf gegen die scharfen Haftbedingungen fand die RAF Kontinuität und Sympathisanten. Das war das historische Dilemma des Kontaktsperregesetzes, das war der Fluch von Paragraphen, die in höchster Not geschrieben wurden und dann Gesetz blieben.

Übertreibung und Maßlosigkeit im Kampf gegen den Terrorismus diskreditiert den Kampf gegen den Terrorismus. Und Selbstfanatisierung ist kein gutes Mittel gegen den Fanatismus. »Das Entscheidende an der Wirksamkeit des Terrorismus sind immer Sympathisanten«, so sagt es der ehemalige deutsche Generalbundesanwalt Kay Nehm. »Wenn keine Menschen mehr erreichbar sind, wird die sogenannte Propaganda der Tat sinnlos.«

Wenn man den Terrorismus loswerden will, muss man es den Milieus, von denen er abhängt, schwer- und nicht leichtmachen, ihn gut zu finden. Nicht zuletzt die Entwertung rechtsstaatlicher Garantien in den RAF-Prozessen und die Kriminalisierung einer großmäulig-kindischen Sympathisantenszene (es wurden Haftstrafen selbst für das bloße Pinseln eines RAF-Sterns verhängt!) haben damals dazu geführt, dass kleine Fische das geworden sind, was ihnen der Verfolgungsapparat von vornherein unterstellt hatte: Terroristen.

Horst Herold, Chef des Bundeskriminalamts von 1971 bis 1981, also in der Hochphase des RAF-Terrorismus, sagt: »Wenn die Bedeutung des

Terrorismus vorwiegend auf psychologischen Faktoren beruht, kommt es in erster Linie darauf an, die Loyalität der Bürger zu erhalten. Voraussetzung hierfür ist die Bewahrung der politischen und sozialen Stabilität im weitesten Sinne. Wie die raschen Erfolge der Sicherheitsbehörden im Jahr 1972 belegen, wirken schnelle Zugriffe, rasche Verurteilungen dem sich ausweitenden Gefühl der Bedrohung entgegen, begrenzen die offene Sympathie und das geheime Verstehen in einem stabilen Rechtsbewusstsein.« Und dann fährt Herold (in einem privaten Typoskript aus dem Jahr 2002, das er »Anmerkungen zur RAF« genannt und dem Autor dediziert hat), mahnend an die Adresse des Staates gerichtet, wie folgt fort: »Staatliche Machtdemonstrationen durch festungsartigen Schutz finden zwar Dankbarkeit bei den Beschützten, stoßen aber auch auf weitverbreitete Kritik und können der Stabilität abträglich sein. In den in solchen Situationen üblich gewordenen ständigen Forderungen nach Strafverschärfungen halten die einen die Verschärfung stets für zu gering, während die anderen darin den Vorgriff auf eine generell andere Ordnung sehen. Es besteht die vielfach geäußerte Sorge, der Staat könne seine Abwehrlinien in die Vorfelder des Verdachts und der Gefahr vorschieben und die Ausspähung dieser Felder auch auf solche Personen erstrecken, die nach Anlage, Position und politischer Haltung lediglich denkbare künftige Täter sind. Da der Staat vor allem auf diejenigen angewiesen ist, die sein Verhalten in kritischer Loyalität begleiten, ist ein gelassenes demokratisches Selbstbewusstsein, das sich über die Grenzen des Rechtsstaats nicht hinweglocken lässt, als die entscheidende Voraussetzung jedwelcher Abwehr zu sehen.«

Die westliche Politik nach dem 11. September 2001 vergisst diese Mahnung und diese Lehre in zunehmendem Maß: Sie lässt sich von den Terroristen über die Grenzen des Rechtsstaats »hinweglocken«. Bundesinnenminister Wolfgang Schäuble wendet die »clausula rebus sic stantibus« auf das deutsche Recht an: Zur Begründung, weshalb die Verfassung der neuen Sicherheitslage und den »veränderten gesellschaftlichen Bedingungen« anzupassen sei, stellte er fest: »Wir leben nicht mehr in der Welt des Jahres 1949.« Dieser Verweis war als Hinweis auf ein vermeintliches Nachkriegsidyll zu verstehen, das im Grundgesetz seinen romantischen Ausdruck gefunden habe und dem die Richter des Bundesverfassungsgerichts in Verkennung heutiger Realitäten noch anhingen. Das ist, so kommentiert der Journalist Christian Bommarius in der *Berliner Zeitung*, »historisch absurd, politisch ist es Demagogie«.

Es war nämlich so damals: Als das Grundgesetz entstand, zitterte förmlich der Boden, auf dem es geschrieben wurde; eine Sicherheit, wie wir sie heute genießen dürfen, war damals ein Traum. Hunderttausende »Displaced Persons« – befreite Zwangsarbeiter und KZ-Häftlinge – zogen durch die Städte, aber über das Grundrecht auf Asyl hat der Parlamentarische Rat gar nicht lange debattiert, es war selbstverständlich angesichts der bitteren Erfahrungen, die man selbst mit Verfolgung und Abweisung an den Grenzen erlebt hatte. Die Mordrate stieg in den Nachkriegsjahren auf bis dahin ungekannte Höhen, aber die Abschaffung der Todesstrafe stieß bei den Mitgliedern des Parlamentarischen Rats kaum auf Widerspruch und fand Eingang ins Grundgesetz. Die Bedrohung der Bevölkerung nicht nur durch Kriminalität, sondern auch durch erneute akute Kriegsgefahr war mit Händen zu greifen, die Wahrscheinlichkeit von Anschlägen, von Sabotageakten feindlicher Spione so groß wie nie zuvor. Aber das Verbot der Folter, die Anerkennung der Menschenwürde als Höchstwert der Verfassung waren nicht eine Sekunde umstritten, weil man wusste, was erwächst, wenn menschliche Demütigung zum Instrument staatlichen Handelns wird.

In unsicherster Zeit also wurden die Grundrechte geschaffen, die heute im sichersten Deutschland, das es je gab, aufgrund der Terrorgefahr revidiert werden sollen. Selbst ein verheerender Selbstmordanschlag islamistischer Terroristen wäre kaum annähernd mit den Schrecken zu vergleichen, die in den Jahren vor und nach 1949 zu ertragen oder zu befürchten waren.

Trotzdem werden die bisherigen Fundamentalgewissheiten heute weltweit unter Vorbehalt gestellt. Der Vorbehalt lautet: Der rechtsstaatliche Katalog ist ja schön und gut, aber nur, solange er die Bekämpfung des Terrorismus nicht behindert. Er taugt dann nur noch zur Schaustellung als kulturelles Erbe, dessen man sich rühmt, als Requisit, mit dessen Hilfe man andere Länder und Kulturen tadelt, dass sie es nicht aufweisen können. Am weitesten geht und ging dabei die US-Regierung. Dort ist der Erosionsprozess des Rechts schon weit fortgeschritten: Wer echt oder vermeintlich in den Dunstkreis des Terrorismus gerät, ist nahezu vogelfrei. Vogelfrei – das war im Mittelalter der friedlose Straftäter, über den die Reichsacht verhängt war. Niemand durfte ihn, bei Strafe, unterstützen, beherbergen, ernähren, er war aus der Rechts- und Friedensgemeinschaft ausgeschlossen, der Verfolgung durch jedermann preisgegeben. Heute bedeutet das in den USA: Wer des Terrorismus verdächtigt wird, verliert den rechtsstaatlichen Schutz.

Die bisherigen Fundamentalgewissheiten sind nicht mehr gewiss: die Achtung der Würde jedes Menschen, der Schutz der Privatheit, die Gleichheit vor dem Gesetz, das Prinzip der Verhältnismäßigkeit, der Grundsatz des fairen Verfahrens, das Recht auf Akteneinsicht, die alsbaldige Kontrolle von Verhaftungen und sonstigen Grundrechtseingriffen durch unabhängige Richter, der Grundsatz »Im Zweifel für den Angeklagten«, die Genfer Konvention über die Behandlung von Gefangenen. Gelockert und gebrochen wird das Verbot menschenunwürdiger Vernehmungsmethoden: Wenn dem Delinquenten der Kopf so lange in die wassergefüllte Badewanne oder die Kloschüssel gedrückt wird, bis er halb ersoffen ist, gilt das vielen nicht als Folter, sondern lediglich als robuste Befragung, also als erlaubt.

In Deutschland ist zwar das Folterverbot in der Verfassung ausdrücklich festgeschrieben. Nach Auffassung des Bundesinnenministers soll es aber nur für die deutschen Sicherheitsbeamten gelten: Sie dürfen nicht selbst das Stromkabel an die Hoden des Beschuldigten halten. Wenn der Beschuldigte aber von anderen und anderswo, in Syrien, im Libanon oder auf Guantánamo, auf diese oder andere grausame Weise gesprächig gemacht worden ist, dann dürfen und sollen die deutschen Sicherheitsdienste, meint Schäuble, davon profitieren. In Syrien, im Libanon oder auf Guantánamo dürfen sie den echten oder angeblichen Terroristen auch selbst intensiv befragen, zum Wohl der deutschen Sicherheit, ohne sich darum kümmern zu müssen, was mit dem Mann zuvor anderweitig angestellt worden ist, was ihn so gesprächsbereit gemacht hat. Die anderen foltern quasi für Deutschland – und deutsche Vernehmer dürfen die so geschaffene Situation ausnutzen. Der römische Kaiser Vespasian hat, als er die Besteuerung der öffentlichen Toiletten einführte, gesagt: Geld stinkt nicht. Für den Bundesinnenminister und seine Kollegen in der Europäischen Union sind es Informationen und Geständnisse, die angeblich nicht stinken, gleich, auf welche Weise man sie sich beschafft hat.

Es geht der neuen Politik der Inneren Sicherheit weniger um die Verfolgung begangener Straftaten, auch nicht so sehr um die Verhinderung konkreter krimineller Handlungen, sondern vor allem darum, ein Frühwarnsystem zu errichten. Es soll dies ein Frühwarnsystem sein, das Regungen potentieller Normabweichung aufspürt, das Auffälligkeiten registriert, das den Terroristen wie den Dieb erkennt, schon bevor er sich entschließt, wirklich einer zu sein, das flächendeckend und umfassend Signale und Daten einfängt und sie sicherheitshalber speichert, um daraus sicherheitsrelevante Erkenntnisse zu gewinnen. Zwischen Polizei und Geheimdienst wird dabei nicht mehr unterschieden. Es wird zusammengeführt, was nicht zusammengehört. So entsteht ein einheitliches, vernetztes Sicherheitssystem, in dem geheimdienstliche, also rechtsstaatlich kaum kontrollierte Ermittlungsmethoden allgemeiner Standard werden. Es werden, und das ist der Preis dieses Frühwarnsystems, ohne konkreten Anlass und ohne konkreten Anhaltspunkt, solche Mittel (wie das heimliche Abhören oder heimliche Kontrollen) potentiell gegen jedermann zum Einsatz gebracht, die bisher im Strafrecht nur gegen Verdächtige möglich waren. Weit im Vorfeld einer Straftat sollen also geringere Anforderungen an den massiven Grundrechtseingriff gelten als dann, wenn der Täter schon konkret zur Tat angesetzt hat.

Je weiter eine konkrete Tat entfernt ist, umso mehr ist dem Staat erlaubt, um sie zu verhindern: Das ist die Grundregel der neuen Prävention. Diese Art von Verfolgungsvorsorge sprengt die Regeln der Repression. Das Bundesverfassungsgericht hat dieses Konzept in seinem Urteil vom 27. Juli 2005 als »in sich widersprüchlich« verurteilt. In diesem Urteil hat es die vorbeugende Telekommunikationsüberwachung, wie sie im Niedersächsischen Gesetz über die öffentliche Sicherheit und Ordnung (NdsSOG) geregelt war, für verfassungswidrig erklärt und dazu ausgeführt: »Bei der Vorverlagerung des (Grundrechts-)Eingriffs in eine Phase, in der sich die Konturen eines Straftatbestandes noch nicht abzeichnen, besteht das Risiko, dass der Eingriff an ein nur durch relativ diffuse Anhaltspunkte für mögliche Straftaten gekennzeichnetes, in der Bedeutung der beobachteten Einzelheiten noch schwer fassbares und unterschiedlich deutbares Geschehen anknüpft. [...] Da der Eingriff sich auf mögliche zukünftige Aktivitäten bezieht, kann er sich häufig nur auf Tatsachen stützen, bei denen noch offen ist, ob sie sich zu einer Rechtsgutverletzung weiterentwickeln. Die Situation der Vorfeldermittlung ist insofern durch eine hohe Ambivalenz der potentiellen Bedeutung einzelner Verhaltensumstände geprägt.«

Aus diesem Grund hat das Gericht an die Norm, die in solchen Situationen zu Grundrechtseingriffen berechtigen soll, ganz besondere Anforderungen gestellt: Sie müsse »handlungsbegrenzende Tatbestandselemente« enthalten, die einen »Standard von Vorhersehbarkeit und Kontrollierbarkeit« schaffen vergleichbar dem, der für die überkommenen Aufgaben der Gefahrenabwehr und Strafverfolgung rechtsstaatlich geboten sei. Es dürfe nicht den Sicherheitsbehörden selbst überlassen werden, die Voraussetzungen und Grenzen eines Grundrechtseingriffs zu bestimmen.

Doch die Politik der Inneren Sicherheit lässt sich davon wenig beirren. Sie schiebt die immer noch strengen Regeln des Strafrechts und des Strafprozessrechts beiseite und schafft sich ihr eigenes Recht – das Präventionsrecht, mit immer mehr Eingriffsmöglichkeiten für die Sicherheitsbehörden und immer weniger Kontrolle, der sie unterliegen.

Wenn der Staat wirklich »alles« tun muss, wie

Politiker gern sagen, um Sicherheit vor Terrorismus zu gewährleisten, dann ist freilich die Politik noch lange nicht fertig: Dann müssen »Gefahrenpersonen« vorbeugend inhaftiert werden, die zwar noch keine Straftaten begangen haben, von denen die Behörden aber glauben, dass sie Straftaten begehen könnten. Die Logik des Präventionsstaats führt also zur Vorbeugehaft, auch langjährig, zur Schutzhaft, zur Langzeitquarantäne – wie immer man solch präventives Einsperren nennen möchte. Zwei deutsche Innenminister, Wolfgang Schäuble (CDU) und sein Vorgänger Otto Schily (SPD), haben schon davon geredet, den bisherigen polizeirechtlichen Unterbringungsgewahrsam, der Hooligans oder gewaltbereiten Demonstranten bisher für wenige Tage droht, auf »Gefährder«, also auf potentielle Terroristen, die nicht abgeschoben werden können, zu erweitern. Aufgrund welcher Vermutungen und Auffälligkeiten? Gewahrsam für wie lange? Mit oder ohne richterliche Anordnung?

So oder so widerspricht ein solcher Gewahrsam Artikel 104 des Grundgesetzes. Jede festgehaltene Person ist danach »unverzüglich«, spätestens »am Tage nach der Festnahme« dem Richter vorzuführen, dieser wiederum muss unverzüglich die Freilassung anordnen, wenn keine Haftgründe vorliegen.

Der neue Präventions- und Sicherheitsstaat banalisiert die Grundrechte. Er zehrt von den Garantien des Rechtsstaats; er entsteht, indem er sie verbraucht. Das ist, weltweit, das Grundproblem der derzeitigen Politik der Inneren Sicherheit: Der Präventionsstaat muss, das liegt in seiner Logik, dem Bürger immer mehr Freiheit nehmen, um ihm dafür Sicherheit zu geben. Ist es da nicht geradezu eine Pflicht des Präventionsstaats, in den »Ticking-Bomb-Fällen« zur Folter zu greifen, dann also, wenn man in Erfahrung gebracht hat, dass eine Schule möglicherweise durch eine Bombe in die Luft gesprengt werden soll, und man vom echten oder vermeintlichen Bombenleger wissen will, wo er sie versteckt hat? Prävention, die das Recht konsumiert, hat den Zug zur Totalität und Exzessivität.

Die Bürger lassen sich den Umbau des Rechtsstaats in den Präventionsstaat bislang aus drei Gründen gefallen: Erstens, weil der Staat die Angst vor der Gefahr immer wieder forciert, indem er regelmäßig Tartarenmeldungen über eine erhöhte abstrakte Gefahr verbreitet, weshalb so gut wie alles Billigung findet, was angeblich die Gefahr entschärft. Zweitens, weil die Bürger das Gros der Freiheitsbeschränkungen nicht spüren; die meisten der neuen Maßnahmen finden heimlich statt. Drittens, weil die Menschen in Deutschland daran glauben, dass das Bundesverfassungsgericht in Karlsruhe »es« im Not- und Übertreibungsfall schon wieder richten wird. Das Wieder-Richten, das Zurechtweisen in rechtsstaatliche Bahnen aber funktioniert nicht mehr richtig; der nachhaltige Erfolg der Karlsruher Urteile bleibt aus.

Am Streit um den Lauschangriff zeigt sich das sehr deutlich: Das höchste Gericht hat diesen Lauschangriff im Jahr 2004 in einer fulminanten Entscheidung eingeschränkt, weil die Menschenwürde es verbiete, intimste Gespräche zu belauschen. Die Sicherheitspolitiker aber halten das Urteil für unpraktikabel – und wollen daher das Grundgesetz noch einmal ändern. Eine Änderung, die die Menschenwürde oder das Rechtsstaatsprinzip im Kern berührt, ist aber unzulässig. So steht es in Artikel 79 Absatz 3 Grundgesetz. Doch das kümmert die Sicherheitspolitik nicht mehr besonders. Es gibt in fast allen westlichen Ländern, besonders aber in Deutschland, wo das höchste Gericht einen herausragenden Rang hat, einen schwärenden Konflikt zwischen dem Verfassungsgericht und der herrschenden Politik: Das höchste Gericht warnt und warnt und versucht, die rechtsstaatlichen Grundsätze weiterhin hochzuhalten, immer wieder zu restaurieren und mit ihnen der präventiven Sicherheitspolitik rechtsstaatliche Wege zu zeichnen und Grenzlinien zu ziehen – aber die Politik hat sich abgekoppelt. Das Gericht entscheidet nach den alten rechtsstaatlichen Kriterien, die Politik folgt ihren neuen präventionsstaatlichen Plänen. Immer dann, wenn die Richter wieder am Zug sind, ist der Ausbau des Präventionsstaats schon um drei Stockwerke weiter.

Das deutsche Sicherheitsrecht verwandelt sich in ein Ausländerrecht. Es verfährt mit seinen Bürgern so, wie es schon seit Jahren mit den Migranten verfährt. Sie werden regelmäßig erkennungsdienstlich behandelt; mehr als hundert Millionen Einzeldaten sind im Ausländerzentralregister zum jederzeitigen Zugriff gespeichert. Das Ausländerzentralregister ist das Vorbild für das geplante zentrale Bundesmelderegister. Die Ausländer- und Asylpolitik war ein Menetekel: die Beschränkung der Individualrechte, die Vereitelung des grundgesetzlich garantierten Rechtsschutzes, wurde dort in den vergangenen fünfundzwanzig Jahren vorexerziert. Der Rechtsschutz im Asylrecht ist kaum noch existent; und im Ausländerrecht gelten Ausländer grundsätzlich als verdächtig. Die Unschuldsvermutung ist hier längst abgeschafft. Ausländer werden wegen Straftaten abgeschoben, ohne dass sie wegen dieser Taten verurteilt worden sind. Die »Sicherheit der Bundesrepublik« genügt zur Rechtfertigung einschneidendster Maßnahmen.

Das Bild vom potentiell gefährlichen Individuum, das den neuen Präventionsstaat kennzeichnet, wurde im Ausländerrecht konstituiert und konturiert; im allgemeinen Polizeirecht, im neuen

Sicherheitsrecht wird es nun koloriert, multipliziert und verallgemeinert. Immerhin ist damit dem Gleichheitsgrundsatz Genüge getan: Im neuen Präventionsstaat sind alle Menschen Ausländer.

Wer die Sicherheit mit solchen Mitteln und Methoden gewährleisten will, der stellt alles zur Disposition, was der Rechtsstaat an Regeln zur Vorbeugung, Aufklärung und Verfolgung von Straftaten eingeführt hat. Wer hier den großen Kehraus veranstaltet, der kehrt, angeblich oder vermeintlich zur Verteidigung des Rechtsstaats, genau das weg, weswegen dieser Rechtsstaat verteidigt werden muss. Was die westlichen Demokratien als Kampf gegen den Terrorismus bezeichnen, gleicht oft eher einer Flucht vor dem Terrorismus. Sie stellen sich der Bedrohung, indem sie vor ihr davonlaufen und dabei die Werte wegwerfen, auf die sie einst stolz waren. Der Westen ist, im Canettischen Sinn, eine »Fluchtmasse«.

Dem Terrorismus standzuhalten verlangt aber: an den Grundsätzen des Rechtsstaats festzuhalten. Der starke Staat ist der Staat, der seine Regeln verteidigt und nach ihnen handelt, nicht der, der sie aufgibt. Wie soll der Staat aussehen, in dem unsere Enkel leben: elektronische Mauern um die Ghettos der Reichen? Die Grundrechte auf dem Friedhof? Risikopersonen hinter Gittern? Das ganze Land unter Totalüberwachung? Die Menschen unter Dauerkontrolle? Wie lebt es sich da?

Es gehört zu den natürlichen Reaktionen auf monströse Verbrechen und auf terroristische Anschläge, dass die innere Sicherheit ins Wanken gerät: die innere Sicherheit der Bürger darüber, ob die Gesetze auch so sind, wie sie sein sollen, nämlich so, dass sie, die Bürger, ausreichend geschützt sind. Ob die Bürger ihre Sicherheit leidlich wiedergewinnen, hängt nicht zuletzt davon ab, wie die Politiker auf diese innere Verunsicherung reagieren: Geben sie der Versuchung nach, den Gesetzgeber zu immer neuen Höchstleistungen anzutreiben, geben sie der Versuchung nach, noch mehr Grundrechte noch stärker unter Vorbehalt zu stellen, dann suggerieren sie sich und den Bürgern, dass noch immer nicht genug getan worden sei, dann schaffen sie nicht mehr Sicherheit, sondern mehr Unsicherheit – weil sie die Verunsicherten in ihrer Angst bestärken.

Diese Angst lähmt, sie verengt den eigenen Bewegungsspielraum, weil man sich immer weniger traut; und sie sät Misstrauen. Wo jeder ein potentieller Täter sein kann, da kann es auch der Nachbar sein, selbst wenn er stets freundlich grüßt und sich wenig auffällig verhält. Er könnte ja ein »Schläfer« sein.

Politik sollte nicht den Zweifel am Rechtsstaat schüren, sondern das Vertrauen in ihn stärken – und den Stolz auf die Werte, die sich in ihm manifestieren.

In einem maßlosen Staat jedoch gibt es vielleicht ein wenig mehr Sicherheit, aber ganz sicher sehr viel weniger Freiheit. Der Bürger wird zunehmend vom demokratischen Souverän zum unmündigen Schützling staatlicher Sicherheitsorgane und zugleich zu einem potentiellen Verdächtigen, zu einem möglichen Feind. Ein Staat, der ständig sein Recht verkürzt und in dem Grundrechte dem Bürger nur noch dem Grunde nach zustehen, ist nicht stark, sondern schwach. Er hat keine Autorität mehr, sondern verliert sie in dem ständigen Versuch, sie legislativ zu beweisen. Das legislative Allheilmittel gegen den Terrorismus gibt es aber nicht.

Stark ist nicht der Staat, der seinen Bürgern mit einem Generalverdacht gegenübertritt und der grundsätzlich jedem misstraut. Stark ist der Staat, der weiß, dass die Menschen- und Bürgerrechte noch immer die besten Garanten der Inneren Sicherheit sind. Stark ist der Staat, der seine Prinzipien mit kühlem Kopf und mutiger Gelassenheit verteidigt. Dieser Staat muss seinen Bürgern alle Wachsamkeit versprechen – und dieses Versprechen halten. Und er muss seinen Bürgern die Wahrheit sagen: dass er, bei aller Wachsamkeit, Risiken nicht ausschalten und den Terrorismus nicht ersticken kann.

2. Kapitel
Angst und Folter

Jahrhundertelang genügte das bloße Gerücht, jemand (weit überwiegend waren es Frauen) sei mit dem Teufel im Bunde, um sie gefangenzusetzen, zum Geständnis zu zwingen und dann zu verbrennen. Heute genügt das Gerücht, es sei jemand mit Bin Laden im Bunde, um Streubomben über ganzen Landstrichen abzuwerfen. Was dem Weißen Haus sein Bin Laden, das war dem Vatikan über Jahrhunderte der Teufel. Wer gegen den Teufel kämpft, hat den lieben Gott logischerweise auf seiner Seite. So glaubte es George W. Bush. Der US-Präsident hatte gelernt, was vor ihm schon andere Herrscher wussten und was Machiavelli gelehrt hat: Wer seinem Volk Angst macht, der braucht es – für eine gewisse Zeit jedenfalls – nicht zu fürchten. Angst ist gut für Machterhalt und Machterweiterung. So haben denn das FBI und das amerikanische Amt für Heimatschutz nach dem 11. September 2001 ihre Terrorwarnungen zumeist dann veröffentlicht, wenn die Regierung neue Sicherheitsgesetze oder Kriegsresolutionen erließ. Ähnlich agiert die deutsche Sicherheitspolitik. Angst lässt sich nutzbar machen für Machterhalt und Machterweiterung, sie ist eine Autobahn für Sicherheitsgesetze. Angst schafft freie Bahn für alles, was die Angst zu lindern verspricht.

Es gab und gibt viel Angst seit den Attentaten in New York und Washington, in Madrid und London. Die Angst zog durch die Nachrichtensendungen, sie besetzte das Denken der Menschen; sie versorgte sich mit Gasmasken und Antibiotika; sie streifte sich Latexhandschuhe über die Finger und hielt Taubendreck für den Milzbranderreger Anthrax. Der Radius des Formenkreises der Angst wuchs: Es gab eine neue Flugangst, die Milzbrandangst, die Angst vor Biobomben und Giftanschlägen. Es gab und gibt die Angst vor Schläfern, vor dem Islam, dem Islamismus und der Scharia. Es gibt eine neue Angst vor Zuwanderung und allem, was fremd ist. Richtig gelegt hat sich diese umfassende Angst nicht mehr. Die Objekte und Subjekte der neuen Angst changieren, die neue Angst bleibt. Angst ruft danach, dass etwas getan wird, nein, nicht nur etwas, sondern alles – Repression, Prävention, alles miteinander, alles durcheinander und so viel wie möglich. Angst macht süchtig nach Strafrecht.

Sicherlich: Angst vor Kriminalität ist weder

kleinbürgerlich noch reaktionär, sondern real und berechtigt. Jeder macht seine Erfahrungen damit, mit Autoaufbrüchen und Wohnungseinbrüchen, mit Straßenraub und der kriminellen Verelendung von Drogensüchtigen. Diese individuellen Erfahrungen sind der Nukleus der Angst. Die individuellen Erfahrungen werden von den Medien klischiert und multipliziert. Dramatisierende Berichterstattung und plakative politische Reaktion schaukeln sich gegenseitig auf. Der Nürnberger Kriminologe Franz Streng spricht vom »politisch-publizistischen Verstärkerkreislauf«: Komplizierte Sachargumente sind politisch und publizistisch schwer verkäuflich. Also ist es verführerisch, angebliche Sofortlösungen zu präsentieren, statt in die zeitraubende und kostenintensive Veränderung der gesellschaftlichen Verhältnisse zu investieren – eine Maßnahme, deren Erfolg sich in der laufenden Wahlperiode, die für einen demokratischen Politiker eine entscheidende Maßeinheit ist, in der Regel nicht mehr zeigt.

Das bloße Ingangsetzen eines Gesetzgebungsverfahrens dagegen stellt eine schnell umsetzbare, symbolstarke und medienwirksame Aktion dar, ganz gleich, was dann weiter daraus wird. Immer, wenn etwas passiert, produziert man ein Gesetz, am liebsten gleich als »Sicherheitspaket«. Es herrscht mittlerweile der Ehrgeiz, das in Rollladengeschwindigkeit zu machen: Immer, wenn es

Nacht wird, lässt man in Deutschland die Rollläden herunter. Der Gesetzgeber macht es jetzt auch so: Nach jeder aufsehenerregenden Straftat zieht man am Gurt, und das Ding knallt herunter. Und die Sicherheitspakete werden immer größer. Würde man alle Gesetze zur Inneren Sicherheit, die der Gesetzgeber in den vergangenen dreißig Jahren geschnürt hat, vor dem Deutschen Bundestag aufstapeln, so könnte man damit, wie mit gewaltigen Legosteinen, das Brandenburger Tor nachbauen. Der Gesetzgeber hat Sicherheitspakete produziert, als kosteten sie nichts. Der Preis war nur ein Abbau an Rechtsstaatlichkeit, aber den spürt man nicht sofort.

Laut Kriminalstatistik sinken die Zahlen der Gewaltkriminalität in Deutschland seit Jahren, die Sexualverbrechen sind besonders stark zurückgegangen – die Öffentlichkeit aber hat den Eindruck, die Delikte seien regelrecht explodiert. Horrende Kriminalitätsangst und horrende Terrorismusangst sind Resultat von politischer Rhetorik und der medialen Darstellung von Kriminalität. Dort wird das Angstmachende vergröbert und vergrößert – der soziale Kontext, die Bedingungen und Folgen von Straftaten bleiben ausgeblendet. Auf diese Weise bildet sich die Vorstellung, dass Kriminalität nicht in der Gesellschaft entsteht, sondern ihr von außen angetan wird. Bezeichnend ist, dass fast ausschließlich über Kapitalverbrechen berichtet wird – zu 90 Prozent. Das erweckt den Eindruck einer hochkriminellen Gesellschaft, in der keiner mehr sicher sein kann. In der Politik kann man solche Ängste für den Wahlkampf nutzen, man kann Ängste auch gut brauchen, wenn man schon regiert. Sie können, klug geschürt und genutzt, der Stabilisierung der eigenen Macht dienen.

Früher war der Mörder der Prototyp des Rechtsbrechers, so dass der Medienkonsument in jedem Straftäter auch ein Stück Mörder sah. Heute ist der Terrorist an die Stelle des Mörders von einst getreten. Er ist das Schreckensbild per se. Und weil das so ist, spielt es kaum eine Rolle, dass die Wahrscheinlichkeit, in Europa oder den USA vom Blitz erschlagen zu werden, wesentlich größer ist als die Gefahr, Opfer eines Terroranschlags zu werden. Die politischen Debatten über die Innere Sicherheit konzentrieren sich auf den Terror, auf Maßnahmen gegen einen winzigen, zugegebenermaßen hochgefährlichen Ausschnitt aus dem kriminellen Gesamtgeschehen. Mit der Fixierung auf diesen winzigen Ausschnitt, der pars pro toto genommen wird, wird das System der Inneren Sicherheit umgekehrt. Mit diesem System der Inneren Sicherheit in Deutschland und anderen westlichen Ländern verhält es sich wie mit einer Sanduhr: Das Gefäß mit den Bürger- und Freiheitsrechten ist seit Jahren oben und rinnt aus. Das andere Gefäß, das mit den Sicherheitsgesetzen, mit

Telefonüberwachung, Lauschangriff, Datenspeicherung und verdachtsunabhängigen Kontrollen, läuft seit Jahren voll: immer mehr Prävention, immer mehr vorbeugende Einschränkung von Freiheitsrechten.

Die neue Angst vor dem Terror kommt zu den gängigen Ängsten und ihren jeweiligen Konjunkturen hinzu – sei es die Angst vor mafioser Drogenkriminalität, vor Sexualmördern oder gewalttätigen Jugendbanden. Wenn es keine sicheren Arbeitsplätze mehr gibt, wenn das Bildungssystem mehr schlecht als recht funktioniert, wenn ein großer Teil der Mittelschicht Angst vor dem sozialen Abstieg hat und die Schere zwischen Arm und Reich immer weiter auseinandergeht, dann ist es einfacher, nicht darüber, sondern über Kindesentführung, die Gefahr von Designerdrogen, über die angeblich steigende Jugendkriminalität und über die Bedrohung durch gekaperte Flugzeuge und ihren Abschuss zu reden.

Angst verstellt den Blick auf relevante Probleme mit Bildern, schrieb Andrian Kreye in der *Süddeutschen Zeitung:* Wenn ausländische Jugendliche einen Rentner vor den Überwachungskameras in der U-Bahn verprügeln, sieht man rohe Gewalt. Die ersten Erfolge einer Sozial- und Integrationspolitik, die Gewalt eindämmt, sind so aber nicht darstellbar. Die Geschichte einer Mutter, die ihre Kinder ermordet, ist so grausam wie schlicht. Sie lässt sich in wenigen Zeilen erzählen. Die Strukturprobleme, mit denen deutsche Familien mit mittleren und niedrigen Einkommen zu kämpfen haben, sind dagegen viel zu komplex für eine Meldung. Andrian Kreye hat zu Recht darauf hingewiesen, dass auch die echt oder vermeintlich gute Seite sich solcher Methoden bedient: Wenn die Umweltbewegung den Hurrikan Katrina oder die Buschbrände in Kalifornien instrumentalisiert, um gegen die Klimapolitik der Regierung Bush zu agitieren, setzt sie die gleichen simplifizierenden Mittel ein – denn beide Katastrophen waren vor allem deswegen so verheerend, weil, wie Amerikakenner Kreye weiß, eine verfilzte Bürokratie und ein unterfinanziertes Sozialsystem versagt haben.

Angst, Terror und die Politik: Der Mechanismus der Angst funktioniert wie eine riesige Orgel. Vor ihr sitzen viele Spieler, nicht nur Terroristen, sondern auch Politiker, Chefredakteure und Chefkommentatoren. Diese Orgel verfügt über eine Klaviatur mit mannigfachen Registern, ein Windwerk und eine Windlade, welche die verdichtete Luft den Pfeifen zuleitet. Und wenn dann von so vielen kräftig georgelt wird und alle Register gezogen werden, dann erbebt und erschauert alles. Beim Thema Terror funktioniert das noch besser als bei jedem anderen Thema; es ist Toccata und Fuge auf der Orgel der Angst. »Sicherheit« wird dann zu einem Wert, bei dem schon das bloße Versprechen das Prädikat »legislativ wertvoll« verdient; »Geeignetheit« und die »Verhältnismäßigkeit« neuer Maßnahmen, etwa eines Flugzeugabschussgesetzes oder eines Krieges gegen einen Schurkenstaat, werden gar nicht mehr lang geprüft. Hauptsache, es geschieht etwas. Später merkt man dann womöglich – wie beim Krieg gegen den Irak –, dass die letzten Dinge schlimmer sind als die ersten.

Der Bund zwischen Angst und Politik ist nichts Neues. Schon der Pariser Bischof Wilhelm von Auvergne – er ist 1249 gestorben – gab offen zu, welche Funktion die von Theologen formulierten und von der Geistlichkeit in den Predigten grell ausgemalten Höllendrohungen hatten: nämlich Gehorsam zu erzeugen – genauso wie das auch elterliche Drohungen den Kindern gegenüber bezwecken. Diesen Gehorsam brauchte die Amtskirche, und die weltlichen Machthaber brauchten ihn auch.

Jeder hatte seine eigenen Vorstellungen über Nutz und Frommen dieser Ängste, und manchmal deckten sich diese. Der französische König Philipp V. der Lange nutzte die Gerüchte über angeblich bevorstehende Brunnenvergiftungen durch Leprakranke und Juden dazu, um deren Besitz zu beschlagnahmen und auf diese Weise seine Staatsfinanzen zu sanieren. Und über den Klerus stellte ein Kirchenkritiker im 14. Jahrhundert fest: »Würden die Priester nicht von der Hölle reden, würden sie verhungern.« Auf der Basis der Angst gediehen freilich auch eine gewisse Karitas und eine ganze Reihe von Spitälern: Spätestens vor ihrem Ableben kauften sich nämlich Fürsten, Bankiers und Spekulanten von der Sünde der »Geldmacherei und Krämerei« frei, weil bekanntlich eher ein Kamel durch ein Nadelöhr geht, als dass ein Reicher in das Reich Gottes kommt.

Es gibt gefährliche und ungefährliche Methoden, mit Ängsten fertig zu werden. Die ungefährlichen richten sich nach innen: Zu ihnen gehören schöne Riten, wunderbare Zeremonien, tröstende Gebete. Zu ihnen zählen die Rituale am Totenbett, die früher dazu dienten, die auf den Toten wartenden Geister zu bannen; und der schwere Grabstein, der aufs Grab gesetzt wird, war ursprünglich nicht dafür da, um darauf eine Namenstafel anzubringen, sondern um zu verhindern, dass ein Toter als Wiedergänger zurückkommt.

Gefährlicher sind die aggressiven Methoden der Angstabwehr, diejenigen also, die sich nach außen richten: die Suche nach Sündenböcken, nach Menschen also, die man strafen muss, um Unheil und Verdammnis von einem selbst abzuwenden. Dies war und ist noch immer todgefährlich. Es genügte jahrhundertelang das bloße Gerücht, einer sei mit dem Teufel im Bunde, der oder die seien schuld an der Pestilenz, um sie gefangenzusetzen, zu Geständnissen zu zwingen und dann zu verbrennen. Religionsfeinde, Gesellschaftsfeinde, Erbfeinde, Rassenfeinde – immer dann, wenn mit solchen Stigmatisierungen die Menschenwürde relativiert worden ist, war das der Beginn des Terrors der Macht.

Der französische Historiker Jean Delumeau beschreibt, wie sich die Kirche des 14. bis 18. Jahrhunderts durch die Vielzahl der von ihr fast freudig angenommenen Feind- und Angstbilder (Ketzer, Hexen, Juden, Teufel, Muselmanen) in den Status einer belagerten Stadt begeben hat: »In einer Atmosphäre der Belagerung«, so Delumeau, »stellte die Inquisition eine Art Erlösung dar.« Diese Inquisition ist nicht mehr so furchtbar weit weg: Selbst frühere Liberale wie der ehemalige Harvard-Professor für Menschenrechtspolitik Michael Ignatieff treten nun für die Folter ein, indem sie diese als »verschärfte Vernehmungsmethode« bezeichnen. Und dem gleichfalls als liberal eingeschätzten US-Verteidiger Alan Dershowitz erscheint es probat, sterilisierte Nadeln unter den Fingernagel zu bohren. Es gibt sogar immer mehr Verteidiger von Recht und Ordnung, die Folter nicht mehr nur dulden, sondern sie fordern – und nicht allein von einem Recht, sondern gar von einer Pflicht zum Foltern reden, wenn anders Menschenleben nicht zu retten seien.

Es ist eine alte, furchtbare Geschichte, die wieder an die Tür klopft. Am 1. März hat der italieni-

sche Innenminister allen Polizei- und Sicherheitsbehörden unter höchster Geheimhaltungsstufe
mitteilen lassen, es gebe gesicherte Erkenntnisse
darüber, dass die Vogelgrippe auf Menschen über-
tragbar sei. Der Dipartimento della Pubblica Sicu-
rezza, so der Minister, habe dringenden Anlass zur
Befürchtung, dass islamistisch-fundamentalisti-
sche Terroristen sich dies verbrecherisch zunutze
machen wollen. In Mailand und in Ludwigshafen
sei ein medizinisches Labor ausgehoben worden,
in dem offensichtlich einschlägige Substanzen
produziert worden seien. Die Forscher und ihre
Auftraggeber seien flüchtig, die hergestellten hochgefährlichen Substanzen im Labor nur noch in
Restmengen sichergestellt worden. Die Hauptmen-
ge des Giftstoffs befinde sich an einem den Behörden noch nicht bekannten Ort. Es bestehe die Gefahr der Massenvergiftung. Auch in allen anderen
EU-Staaten ist der geheime Hinweis eingetroffen
und den jeweiligen Sicherheitsbehörden mitgeteilt worden. Daraufhin wurden auf dem Flughafen
München von Beamten des Bayerischen Landes-
kriminalamts zwei verdächtige Personen festge-
nommen: ein zum Islam konvertierter deutscher
Professor für klinische Pharmakologie namens Is-
mail A. und ein aus Saudi-Arabien stammender
Dreißigjähriger namens Marwan al-B., der der fun-
damentalistischen Terrorgruppe der Dschihadis-
ten angehören soll. Bei den Festgenommenen wer-

den verdächtige Unterlagen gefunden. Die Sicherheitsmaschinerie beginnt ihr Werk.

Wir befinden uns mit dieser Fiktion auf einmal in einer Situation und Gefahrenlage, die sich so ähnlich darstellt wie diejenige aus dem Jahr 1630, die Pietro Verri, der von 1728 bis 1797 in Mailand lebte und einer der führenden Köpfe der lombardischen Aufklärung war, zum Ausgangspunkt seiner Streitschrift gegen die Folter gemacht hat. *Osservazioni sulla tortura* heißt diese Streitschrift, und die Beobachtungen Pietro Verris über die Folter beginnen mit einer Depesche, die der König von Spanien im Jahr 1630 vom Hof zu Madrid an den Marchese Spinola, seinen damaligen Gouverneur zu Mailand, geschickt hat. Philipp IV. hatte die Depesche selbst ausgefertigt, ein Vorgang, der nur höchst selten vorkam und schon deshalb die ganze Stadt beschäftigen musste. Man wusste: Nur in den allerwichtigsten Fällen erließ der Hof so ein förmliches Reskript. Der Statthalter wurde also vermittels dieser Depesche davon in Kenntnis gesetzt, dass in Madrid vier Subjekte beobachtet worden seien, die durch Schmierereien mit einer Salbe die Pest hätten verbreiten wollen; sie hätten die Flucht ergriffen. Der Statthalter möge also seine Wachsamkeit verdoppeln und das drohende Unheil von Mailand abhalten.

Durch das Veltlin war damals die Pest nach Mailand eingedrungen. Die kaiserlichen Truppen, die durch Mailand nach Mantua zogen, hatten sie eingeschleppt. Aber das Volk versteifte sich darauf, dass die Seuche von den Ärzten künstlich verursacht sei, damit sie schneller reich würden. In den Naturwissenschaften herrschte damals die größte Unwissenheit. Kaum jemand stellte die Frage: Ist es wirklich möglich, eine Salbe herzustellen, bei deren bloßer Berührung man der Pest verfällt? Die wenigen, die sich solche Fragen stellten, wagten nicht, sie auszusprechen. Es war allgemeine Ansicht, dass es solche Pestschmiererei gebe.

Die Witwe Katharina Rosa stand am 21. Juni in ihrer Wohnung am Fenster und sah den Sanitätskommissär Guglielmo Piazza in die Straße einbiegen. Es regnete, Guglielmo Piazza hielt sich hart an der Mauer, ging unter den von Katharina Rosa bewohnten Fenstern hin. Dasselbe wurde von einer anderen Frau, Ottavia Boni, bemerkt. Die erstere von beiden sagte im Verhör aus, Piazza habe von Zeit zu Zeit mit der Hand an der Mauer entlanggestrichen; die andere behauptete, er habe an die Mauer Figuren gemalt, die ihr gar nicht gefallen hätten. Das Gerücht ging schnell von Mund zu Mund, das Viertel war in Aufruhr, als man tatsächlich Spuren an der Mauer entdeckte.

Am nächsten Tag verhörte der Capitano di Giustizia die beiden Frauen, verhaftete daraufhin den Sanitätskommissär und überstellte ihn den Untersuchungsrichtern, die ihn verhörten und nach dem Pestgift befragten. Piazza verneinte jede Kenntnis, was von den Richtern für lügenhaft und unglaubwürdig erklärt wurde. Es wurde daher auf Folter erkannt.

Es folgt nun die detaillierte Schilderung der Martern, während deren Guglielmo Piazza nichts weiter zu antworten wusste als dies: »Ich weiß nichts, wenn ich es wüsste, hätte ich es gesagt, wollen Sie mich umbringen, so bringen Sie mich um.« Er heulte und schrie, wie ein mit den höchsten Qualen Gefolterter schreit, blieb aber stets bei seiner Aussage, bis er so entkräftet war, dass er nicht mehr wehklagen konnte, von der Folter abgenommen und wieder in sein Gefängnis gebracht wurde.

Das Ergebnis der Befragung wurde sofort dem Senat mitgeteilt; und dieser dekretierte, Guglielmo Piazza solle aufs Neue gefoltert werden – mit durch das Hanfseil noch mal erschwerter Folter. Jedes menschliche Gefühl empört sich, so schreibt Pietro Verri, bei der zweiten Folter mit dem Seil. Hier wurde dem Unglücklichen unter anderem das Schulterbein aus seiner Höhle gehoben. Nach einer unendlich scheinenden Folterung, bei der man sechs Seiten Protokoll füllte, brachte man ihn wieder ins Gefängnis. Der Schreiber Ripamonti hat von einem Nebenumstand erzählt, der in den Gerichtsakten nicht erwähnt wird: Guglielmo Piazza seien die Glieder nicht wieder eingerichtet worden, man habe ihn mit ausgerenkten Gliedern wieder in das Gefängnis geworfen, um so die Selbstanklage zu erpressen. So kam es, dass er beim dritten Verhör ohne Folter freiwillig zugab, er habe die Mauern mit Pestgift bestrichen; und in der Absicht, seine Richter zu besänftigen, fügte er hinzu, er habe das Gift vom Barbier Gian Giacomo Mora erhalten.

Wir ahnen, wie es weitergeht. Der Barbier wurde verhaftet, alle Winkel seiner Apotheke wurden durchsucht, im Hof fiel ein Ofen mit einem inwendig eingemauerten kupfernen Kessel auf, in dem noch etwas schmutziges Wasser stand. Es war dies der Rest einer Waschlauge. Waschweiber wurden vernommen und sagten aus: »Mit solcher faulen Lauge kann man kostbare Gifte machen.« Die Ärzte erklärten, dass man »aufgrund der Masse und der Menge des Bodensatzes« das, was man hier sehe, »nicht für Lauge erklären« könne. Der Barbier wurde gefoltert wie zuvor Guglielmo Piazza, endlich überwältigte auch ihn das Übermaß der Qual. Er gestand, er habe Piazza eine Büchse Pestsalbe gegeben, dass er damit die Wände beschmiere. Bei diesen Worten wurde die Folter eingestellt, und um ihr nicht erneut anheimzufallen, fuhr er fort: »Es war Menschenkot, um die Häuser damit zu beschmieren, vermischt mit der Flüssigkeit, die aus dem Munde Pestkranker trieft.« Alle, die irgend an der Folterung teilhatten, so berichtet Pietro Ver-

ri, waren der Überzeugung, »dass nur in der beste-
henden Praxis Heil und Sicherheit zu finden sei«.
Heute würde man sagen: Die Tortur war eine Art
humanitäre Intervention für die potentiellen
Pestopfer.

»Es ist besser für Euch, es leidet und stirbt ein
einzelner Mensch, als dass das ganze Volk leidet« – so begründete solches Handeln einst der
Hohepriester Kaiphas. Pietro Verris' »Beobachtungen über die Folter« sind erstmals im Jahr 1804
auf Italienisch und 2006 im *Augsburger Satyr,* einer kleinen, unregelmäßig erscheinenden Zeitung
für Literatur, zum ersten Mal in deutschem Druck
erschienen – »aus gegebenem Anlass«.

Aus gegebenem Anlass. Was verbindet das Jahr
1630 mit unserer Zeit? Was verbindet die Pest mit
der Vogelgrippe? Was verbindet die Pest mit dem
Terrorismus? Es ist die Angst – Angst, die dazu
führt, dass geglaubt wird, es sei nur mit scharfem,
nur mit noch schärferem Durchgreifen, nur mit
noch schärferen Gesetzen, nur mit noch schärferen
Methoden »Heil und Sicherheit zu finden«. Es ist
dies das Gefährlichste am Terrorismus: Er macht
Angst. Terror produziert Angst. Und er verführt
zur Angstmacherei, er wird missbraucht, um vermeintliche Stärke, Handlungsfähigkeit und Ent-
schlossenheit zu demonstrieren. Angst ist aber
nicht nur ein schlechter Ratgeber, sie beeinträch-
tigt auch die Freiheit der Entscheidung.

Die deutsche Rote Armee Fraktion hat vierunddreißig Menschen ermordet, die Roten Brigaden in Italien ermordeten in den siebziger Jahren vierhundert, die baskische ETA in den vergangenen Jahrzehnten achthundert, die nordirische IRA tausend Menschen, dreitausendfünfhundert Menschen kamen bei den Flugzeugattentaten der islamistischen Terroristen in New York und Washington ums Leben, hundertfünfzigtausend in den Wirren des Post-Irakkriegs, nach dem Sturz von Saddam Hussein durch die Amerikaner, der eine Reaktion auf die Anschläge der islamistischen Terroristen war.

So unterschiedlich die Terrorgruppen waren und sind, gemeinsam ist ihnen: Sie verbreiten Angst. Angst ist die Triebfeder des Krieges, auch für den Krieg im Inneren. Angst produziert daher Gesetze, die wiederum Angst machen – wie das schon genannte Luftsicherheitsgesetz, das 2006 vom Bundesverfassungsgericht als Verstoß gegen die Menschenwürde verworfen wurde; bezeichnenderweise hat der SPD-Abgeordnete Dieter Wiefelspütz daraufhin die Frage gestellt, ob man denn nun nicht wenigstens das Eindringen eines im Ausland entführten Flugzeugs auf deutsches Hoheitsgebiet als feindlichen Angriff werten und es mitsamt seinen Passagieren nach Kriegsrecht abschießen könne. Inzwischen hat auch der Bundesinnenminister darüber laut nachgedacht. Die

Frage ist kennzeichnend für den heutigen sicherheitsrechtlichen Diskurs: Er trachtet nach rechtlichen Sanktionen, die zugleich Strafverfolgung, polizeiliche Prävention und Krieg sind.

Außergewöhnliche Gefährdungslagen beschleunigen die Bestrebungen, die Grenzen zwischen Strafverfolgung, Polizei, Geheimdienst und Militär einzuebnen. Als Erstes werden das Strafrecht und das Polizeirecht zusammengeführt, aufgelöst in einem einheitlichen Recht der Inneren Sicherheit, einem allgemeinen Gefahrenrecht. Dieses allgemeine Gefahrenrecht fragt nicht mehr, wie es das Tatstrafrecht tut, nach einer konkreten Tat, es lässt vielmehr eine Gefahrenlage genügen; es bemisst die Strafe nicht mehr, wie das Schuldprinzip, nach personalen Maßstäben, sondern es lässt die vermutete Gefährlichkeit eines Menschen ausreichen. Es verlangt nicht mehr, wie es die Strafprozessordnung bislang tat, einen konkreten Tatverdacht als Eingriffsschwelle, sondern lässt einen Vorverdacht, die bloße Ahnung eines Verdachts genügen, die bloße Möglichkeit also, dass der Betroffene sich verdächtig machen könnte. Die rechtsstaatlichen Regularien gelten dem neuen Gefahrenrecht als hinderliche Förmlichkeiten, man stattet daher das neue Gefahrenrecht mit ganz außergewöhnlichen Befugnissen aus – man macht es zu einem umfassenden Vorbeugungsrecht, und bei dieser Gefahrenvorbeugung ist bedeutend mehr erlaubt, als bei der Strafverfolgung je erlaubt war. In einem solchen Gefahrenvorbeugungsrecht keimt auch die Wiederkehr der Folter.

Manche meinen, zu den Hindernissen auf dem Weg zu mehr Sicherheit zähle auch das Verbot bestimmter Vernehmungsmethoden. Schon lange nicht mehr ist über Folter, über ihre Legitimierung in Ausnahmesituationen, so viel diskutiert worden wie in letzter Zeit. Darf man einem Gefangenen Stromschläge versetzen, um gefährliches Wissen aus ihm herauszukitzeln? Darf man ihm den Arm ausrenken, auf dass er herausschreit, wo er sein entführtes Opfer versteckt hat? Darf der Staat gemein sein, um noch größere Gemeinheiten zu verhindern oder zu beenden? Darf er einen, zwei oder zwanzig Menschen quälen, um vielleicht hundert, tausend oder zehntausend zu retten? Nein? Auch dann nicht, wenn es, anders als in Abu Ghraib, genaue, von einem Parlament erlassene Regeln dafür gibt? Im Gefängnis von Abu Ghraib, das schon zu Zeiten Saddam Husseins wegen seiner Folterpraktiken berüchtigt war und das nach dem Irakkrieg von den US-geführten Besatzungstruppen übernommen wurde, sind irakische Menschen von US-Soldaten gefoltert und misshandelt worden. Weltweit herrschte Empörung. Die unteren Chargen der US-Army sind schwer bestraft worden, ihre Befehlshaber nicht.

Wenn nun aber »robuste Verhörmethoden« nicht

nach individueller Willkür angewendet werden, wenn die Voraussetzungen ihrer Ausübung und Anwendung gesetzlich geregelt sind, wenn ein Arzt dabei ist und ein Richter, wenn also Willkür ausgeschlossen ist – könnte das Foltern dann nicht ausnahmsweise erlaubt sein? Der Soziologe Niklas Luhmann hat bei einem Vortrag 1992 in Heidelberg seinen Zuhörern provozierend und »ungeachtet aller legalistischen Bedenken« vorgeschlagen: »Zulassung von Folter durch international beaufsichtigte Gerichte. Fernsehüberwachung der Szene in Genf und Luxemburg. Telekommunikative Fernsteuerung.« Wer »zur Not« Folter zulassen will, der muss in der Tat dies alles gesetzlich durchdeklinieren, weil nach der Wesentlichkeitstheorie alles Wesentliche in einem Gesetz geregelt werden muss: die Anordnung, die Durchführung, die Kontrolle der Folter. Ein Arzt wird dabei sein müssen und für den Fall des Ablebens ein christlicher oder islamischer Geistlicher.

Abwegig? Wie verhält es sich dann mit den »fünf Verhörtechniken«, die von den britischen Behörden in Lagern für IRA-Gefangene praktiziert wurden und die sich von den Methoden von US-Soldaten im Irak nicht viel unterscheiden? Vor dem Europäischen Menschenrechtsgerichtshof hat man sich darüber gestritten, ob der Lärmterror und die Kapuze über dem Kopf, ob das dreißigstündige Stehen an einer Wand mit gespreizten Armen und

Beinen schon Folter seien oder »nur« erniedrigende Behandlung der IRA-Verdächtigen.

Und was antwortet der, der solche Behandlung als menschenunwürdig verdammt, demjenigen, der darauf verweist, dass zehn, fünfzehn Jahre, gar lebenslanges Gefängnis nichts anderes sei als Folter, als eine Zerstörung der Persönlichkeit? Muss angesichts dessen eine, formulieren wir es so, »nachhaltige Befragung« eines mutmaßlichen Täters zur Rettung von Opfern einem Rechtsstaat wirklich so peinlich sein? Eine robuste Rettungsbefragung – kann man deren wohldosierte Gewalt womöglich als ein Indiz für die Entwicklung des Polizei- und Strafrechts hin zu einer humanitären Intervention für die Opfer verstehen, so wie sie neuerdings auch im Völkerrecht praktiziert wird? Gewalt als humanitäre Intervention: Haben nicht auch die Bundeswehr und die Nato seinerzeit im Jugoslawienkrieg mit dieser Begründung ohne Rechtsgrundlage eingegriffen und dabei vielen Piazzas und Moras nolens volens Leid angetan? Kollateralschäden nannte man das damals.

Hat solch eine humanitäre Intervention nicht auch der frühere Polizeivizepräsident Wolfgang Daschner in Frankfurt am Main versucht, als er einem Entführer Folter angedroht hat, um das Opfer zu retten, wenn es noch zu retten war? »Rettungsfolter« haben das die Verteidiger des Polizisten Daschner genannt. Ist es nicht auch Rettungsfolter, wenn amerikanische Polizisten das Versteck der Bombe erfoltern wollen, die in Kürze hochgeht? Und war es nicht auch Rettungsfolter, was der Capitano di Giustizia im Jahr 1630 in Mailand versuchte? Sicher, seine Folteranordnung war, wie wir heute wissen, zur Bekämpfung der Pest objektiv untauglich. Aber was macht die Befürworter von Folter in unseren Tagen so unerschütterlich sicher, dass sie heute zur Bekämpfung des Terrorismus objektiv tauglich sei?

»Rettungsfolter« ist das Stichwort der modernen Debatte. Sie versucht sich abzusetzen von der Geständnisfolter, wie sie jahrhundertelang üblich war. Aber so neu, wie das die Staatsrechtler glauben, die heute in ihren Kommentaren die Opfernützlichkeit der Rettungsfolter entdecken und billigen, ist sie nicht: Früher wurde sie gegen Ketzer, Hexen, Mordbrenner und Pestschmierer eingesetzt, um so eine Gefahr für die Allgemeinheit abzuwenden. Die Beschreibungen des Aufklärers Pietro Verri dazu sind auch deswegen lehrreich, weil sie nicht nur darlegen, wie die Praxis der Folter aussah, sondern auch, wie es dazu kam, dass die Torturen allenthalben als Teil des Katastrophenschutzrechts betrachtet und begrüßt wurden: Da war eine unheimliche Gefahr; da war der Einbruch des Teuflischen oder des grauisch Gefährlichen in die geordnete Welt. Man wollte Schuldige finden, man suchte nach Kausalitäten; man wollte das scheinbar Unerklärliche erklären, der Gefahr einen Namen geben – und wenn diese Gefahr zum Beispiel Guglielmo Piazza hieß und Gian Giacomo Mora, dann war sie schon nicht mehr so groß wie vorher.

Ist dieser Mechanismus dreihundertsiebzig Jahre später wirklich so fremd? König Philipp IV. wusste es im Jahr 1630 wohl nicht besser, als er in seinem Reskript an den Statthalter in Mailand vor den Subjekten warnte, die als »Pestschmierer« das Unheil über die Welt brächten. Präsident George W. Bush aber wusste es dreihundertsiebzig Jahre später sehr wohl besser, als er seinen Außenminister in die Sitzung der Vereinten Nationen schickte, um dort zu verkünden, dass Saddam Hussein nukleares Unheil über die Welt bringen wolle. Bush kannte die Mechanismen der Angst. Er hat sie sich zunutze gemacht.

Heute wissen fast alle Politiker und politischen Beobachter, dass der Krieg gegen den Irak von Anfang an ein gewaltiger Fehler, ja ein Irrwitz war, selbst wenn sie seinerzeit das Weihrauchfass vor der Regierung Bush geschwenkt und die deutsche Bundesregierung aufgefordert hatten, es Bush gleichzutun. Spätestens seit dem Bekanntwerden der US-Foltereien von Abu Ghraib will fast ein jeder hierzulande schon immer gewusst, gesagt und geschrieben haben, dass er gegen diesen Krieg war. Die Prognose der Kriegsgegner, etwa des damali-

65

gen Hildesheimer Bischofs Josef Homeyer, hat sich nämlich als bemerkenswert exakt erwiesen: Die Gewalt führt die Katastrophe, die sie verhindern will, erst herbei, so hatte er prophezeit. Ein gutes Jahr später fanden sich in den Zeitungen und Magazinen lange Berichte über Schuldige und Unschuldige, die in die Torturmaschine von Abu Ghraib geraten waren; und in Analysen und Leitartikeln konnte man lesen, wie die Bilder aus Abu Ghraib den Zorn und die Wut gegen den »Westen« schüren.

Die allgemeine Empörung über die Methoden der USA steht allerdings in bemerkenswertem Gegensatz zu der gleichzeitigen, weitverbreiteten Sympathie, auf die Folterandrohungen (oder, wie man gern euphemistisch sagt, die Androhung verschärfter Vernehmungsmethoden) hierzulande stoßen. Wenn ein Polizeivizepräsident wie der in Frankfurt am Main Folter in Sonderfällen für geboten hält und also seine Beamten zu »verschärfter Vernehmung« anweist, wenn Ministerpräsidenten dafür Verständnis äußern, wenn sich in immer neuen Umfragen seitdem stattliche Mehrheiten für ein bisschen Folter ergeben, wenn sich die landläufige Meinung über die Anklage gegen den Polizeivizepräsidenten und über seine Verurteilung durch das Gericht empört und wenn in Zeitungsartikeln die Frage aufgeworfen wird, ob man sich nicht mit dem »Für der Folter« beschäftigen müsse – dann muss man wohl konstatieren, dass es zwei Arten von Folter gibt. Eine böse Folter – das ist die, die anderswo, im Irak, in Israel oder auf Guantánamo praktiziert wird; und eine gute Folter – das ist die, die entweder in Deutschland angedroht oder ausgeübt wird und sich angeblich auf ein härteres Hinlangen beschränkt, oder diejenige, die zwar in Guantánamo oder im Irak praktiziert wird, deren Schlechtigkeit aber dann dadurch angeblich geheilt wird, dass der Gefolterte anschließend von Sicherheitskräften mit »reinen Händen« verhört wird oder dass seine erfolterten Aussagen von korrekt handelnden Beamten ausgewertet werden und die Innere Sicherheit Deutschlands davon profitiert.

Die Werber für ein bisschen Folter tun so, als gebe es eine Pflicht zur Territion, das heißt zur »Schreckung« durch das Zeigen der Folterinstrumente, wenn sich dabei eine Chance auftun könnte, potentielle Opfer zu retten. Die Werber sehen in der Folter einen Anwendungsfall des Satzes »Opferschutz geht vor Täterschutz«. So war das auch im Jahre 1630. Wer im Verdacht stand, Pestschmierer zu sein, der war eine Quelle unabsehbarer Gefahren, und vor diesen Gefahren mussten die Opfer geschützt werden. Die Folter war also praktizierte Schutzpflicht des Souveräns für seine Untertanen. Das Folterrecht war, um einen Begriff aus der Diskussion von heute zu nehmen,

Feindrecht. Feindrecht meint: Der rechtsstaatliche Katalog ist schön und gut – aber nur, solange er die Bekämpfung des Terrorismus als einer feindlichen Macht nicht behindert.

Das Folterrecht damals war ein anerkanntes Rechtsinstitut. Wie sehr es anerkannt war, zeigt ein Kupferstich von Pieter Breughel dem Älteren aus dem Jahr 1559, der alle Akte der Gerechtigkeit zeigt: oben eine Hinrichtung, rechts Gerichtsszenen, links vorne eine Wasserfolter – also das Eingießen von Flüssigkeit, oft Heringslake oder Weihwasser.

Die heutigen Verfechter der Rettungsfolter meinen es gut mit der Gesellschaft. Als einst die Folter im Strafverfahren eingeführt wurde, war das auch gut gemeint – sie sollte für Rechtssicherheit sorgen, richterliche Willkür ausschalten. Das alte Recht kannte nämlich keinen Indizienprozess, man traute den Richtern nicht zu, einzig aufgrund ihrer subjektiven Überzeugung ein Todesurteil zu fällen; selbst die Offenkundigkeit der Tat reichte nur für leichtere Strafen. Die abergläubischen Beweismittel, etwa der Zweikampf, waren in Verruf geraten; und die Gottesurteile waren 1215 vom vierten Laterankonzil verboten worden. Das Beweisverfahren, das sich im fränkischen Reich herausgebildet hatte, der Beweis durch mindestens zwei übereinstimmende Zeugen, war also immer schwieriger geworden – etwa dann, wenn die sogenannten landschädlichen Leute vor Gericht standen. So blieb als Beweismittel vor allem das Geständnis; bis heute ist jedem Richter ein Geständnis lieber als ein Indizienprozess. Notfalls gehen Richter heute einen Deal ein, um ein Geständnis zu erhalten.

Die Peinliche Halsgerichtsordnung Kaiser Karls V. aus dem Jahr 1532 (Constitutio Criminalis Carolina) erlaubte die Folter, um zu einem Geständnis zu kommen. Sie sollte wieder Gewissheit schaffen in einer Zeit der Beweisnot; mit der Folter schloss sich also ein Beweisloch. Ein heutiger Richter würde bereits aufgrund der Verdachtsgründe verurteilen, die damals zur Folter führten. Die Folter diente seinerzeit der Beruhigung des verurteilenden Richters; sie sollte nur dann angewandt werden, wenn bei klarer Beweislage der Täter leugnete – um so zur »gewißheyt der warheyt« zu kommen. Richter und Publikum mochten auch ohne Folter von Täterschaft und Schuld überzeugt sein; erst Folter und Geständnis aber schufen die formale Voraussetzung für eine rechtlich gültige Verurteilung.

Zwar war auch in den Folterzeiten bekannt, dass die Folter eine höchst fragwürdige Sache ist. Schon Ulpian (170–223 n. Chr.), der berühmte Jurist des antiken Römischen Reichs, nannte die Folter eine »res fragilis et periculosa, quae veritatem fallat« (eine heikle und gefährliche Sache also, die die Wahrheit verfehlen könne). Trotzdem hielten die Juristen bis in die frühe Neuzeit hinein daran fest. Benedict Carpzov, einer der wichtigsten von ihnen, der im 17. Jahrhundert in Leipzig und Dresden wirkte, gab zu, dass es nicht wenige Beispiele von Unschuldigen gebe, die nur wegen der Grausamkeit der Torturen gestanden hätten; daher sei die Folter als Hilfsmittel der Wahrheit nicht nur gefährlich, sondern in höchstem Maße zweifelhaft. Gleichwohl billigte er sie; sie war praktisch. Man müsse der peinlichen Befragung, so hieß es jahrhundertelang, »nicht immer, aber trotzdem auch nicht niemals« Zuverlässigkeit zuerkennen.

Die Praxis setzte sich, zumal in den Hexenprozessen, über die Einschränkungen, welche die Halsgerichtsordnung formulierte, hinweg. Das Quälen des Körpers diente in den Hexenprozessen nicht mehr dem Wahrheitsbeweis, wie es die Halsgerichtsordnung wollte; sie war eine Kampfansage an den Teufel, der diesen Körper besetzt hatte; es reichten geringe Verdachtsgründe, um zu foltern. Dies erklärt den Eifer der Inquisitoren und Folterer. Die strengen Voraussetzungen der Halsgerichtsordnung griffen nicht mehr, die Folter konnte jetzt, je nach Lust, Laune, Wahn und Psychopathologie des Inquisitors, jeden treffen, sie wurde zum Synonym für grausame Willkür. Deshalb verlor sie ihre Akzeptanz.

Wenn heute über die Folter und ihre Rückkehr diskutiert wird, geht es nicht um die brutale und rachsüchtige Inszenierung tyrannischer Macht wie in den Gestapo-Gefängnissen und in den Folterkellern von Gewaltherrschern. Es geht auch nicht darum, wie bei der Geständnisfolter nach der Halsgerichtsordnung einem Körper die prozessuale Wahrheit über seine Straftat zu entreißen. Es geht bei der Folter, über die heute diskutiert wird, darum, andere zu retten: Es geht um eine Abwägung. Es »soll das Recht potentieller Opfer auf Schutz von Leben und Gesundheit als vitaler Basis ihrer Würde die Würde potentieller Täter und deren Recht auf körperliche und seelische Integrität überspielen«, wie der Frankfurter Rechtsphilosoph Günter Frankenberg in einem kritischen Beitrag zur Mutation des Rechtsstaats durch die Folter schreibt. Der Lebensschutz des potentiellen Opfers soll mehr wiegen als die Menschenwürde des potentiellen Täters.

Die Werber für so ein bisschen Rettungsfolter operieren mit Beispielen, die darlegen sollen, dass der totale Folterverzicht eine Ungerechtigkeit gegenüber Verbrechensopfern sei. Sie tun so, als gebe es geradezu eine demokratische Pflicht zum Foltern, wenn sich dabei die Chance auftut, Opfer zu retten. Sie reden von ganz neuen Herausforderungen, denen der Staat sich stellen müsse; und sie verkennen, dass Folterer schon immer so geredet haben. Jede Diktatur der Geschichte hat das Foltern echter oder vermeintlicher Saboteure und Staatsfeinde damit begründet, dass man dadurch viel größeres Unheil, dass man also Anschläge verhindern oder entschärfen könne. Die Gefahr für unbestimmt viele durch das Foltern Einzelner zu beseitigen – mit solcher Begründung haben sich Kolonialherren, Gewaltherrscher und die Inquisitoren seit je gerechtfertigt. Das ist nicht neu. Neu ist nur, dass man nun auch im demokratischen Deutschland solche Rechtfertigungsreden hört und dass sie wieder auf fruchtbaren Boden fallen. Als in linksterroristischer Zeit der frühere niedersächsische Ministerpräsident Ernst Albrecht Folterungen ausnahmsweise für zulässig erklärte (es seien »Situationen möglich, vielleicht sogar zur Zeit gegeben«, schrieb er 1976, in denen ein Feindstrafrecht »als ein ausnahmsweise geltendes Notstandsstrafrecht legitimierbar« sei), fand er kaum Zuspruch. Das hat sich in den Zeiten des islamistisch-fundamentalistischen Terrors geändert.

In der *Juristenzeitung* meint der Heidelberger Rechtsprofessor Winfried Brugger, dass sich die völkerrechtlichen Verbote jeglicher Folter zum Beispiel in der Europäischen Menschenrechtskonvention vorrangig gegen autoritäre und totalitäre politische Systeme richten. Das soll heißen: Die bösen Folterer sitzen in Afrika und Lateinamerika; Folter in Europa dagegen sei gute Folter – weil sie sparsam, zielgerichtet und verhältnismäßig und nur zum Wohl von Verbrechensopfern eingesetzt werde. Brugger plädiert daher für ein regelrechtes Recht auf Folter. Die Folter wird zu einer Pflichtaufgabe des Staates erklärt: Das Opfer oder seine Angehörigen können vom Staat verlangen, dass er den echten oder vermeintlichen Täter der Folter unterzieht, um so möglicherweise das Opfer zu retten.

Wohin ein subjektives Recht des Bürgers darauf, dass der Entführer eventuell gefoltert wird, führt, hat der Bielefelder Strafrechtler Bernhard Kretschmer durchdekliniert: Wenn die Polizei sich weigert, dürfte und könnte der Bürger sein Recht auf Folter gerichtlich einklagen, möglichst mit einer genauen Durchführungsanordnung im Urteil. Und weil es eilig ist, müsste dieser Rechtsschutz auch im einstweiligen Verfahren einzuholen sein, obwohl dort nur eingeschränkt geprüft wird.

Professor Brugger freilich bedauert die »eminent starken Widerstände« gegen eine partielle Aufhebung des Folterverbots, die »vermutlich in der Erfahrung des Dritten Reiches« wurzeln, »das nach wie vor einen langen und düsteren Schatten auf Themen wie Folter wirft und das Ergebnis differenzierungslos vorherbestimmt«. Das klingt so, als hätten die Nazis eine ansonsten durchaus vernünftige Verhörmethode diskreditiert. Zu den Schandtaten der Nazis zählt demnach auch, dass man ihretwegen sich in Deutschland nicht unvoreingenommen über Folter unterhalten kann. Brugger stellt deshalb ein paar Kriterien auf, die sicherstellen sollen, dass die Folterei, wenn man sie wieder einführt, nicht ausartet.

Solche Kriterien für ein Foltern mit angeblich Maß und Ziel gab es freilich auch schon 1937. Damals einigte sich das Reichsjustizministerium mit der Gestapo über »verschärfte Vernehmungen« (sic!) wie folgt: Fünfundzwanzig Stockhiebe auf das nackte Gesäß von kommunistischen Hoch- und Landesverrätern, Bibelforschern und Saboteuren seien mit dem Strafgesetzbuch und der Strafprozessordnung vereinbar. Der Bericht eines Oberstaatsanwalts zu dieser Vereinbarung vom 4. Juni 1937 zeigt die Perversität des Versuchs, Folter mit den Mitteln der Justiz zu domestizieren: Es solle, so heißt es dort, ein Einheitsstock bestimmt werden, um jede Willkür bei den Stockhieben auszuschalten.

Niklas Luhmann hat 1992 in dem schon zitierten Heidelberger Vortrag die Frage gestellt, ob es in unserer Gesellschaft »noch unverzichtbare Normen gibt«, und diese Frage nach gutem Juristenbrauch mit einem Fall eingeleitet: »Stellen Sie sich vor, Sie seien ein höherer Polizeioffizier. In Ihrem Lande gebe es viele Terroristen, jeden Tag Morde, Brandanschläge. Sie hätten den Führer einer solchen Gruppe gefangen. Sie könnten, wenn

Sie ihn folterten, vermutlich das Leben vieler Menschen retten – zehn, hundert, tausend, wir können den Fall variieren. Würden Sie es tun?« Luhmann interessierte sich zunächst dafür, wie sich ein solcher Fall auf das Rechtssystem auswirkt. Die Antwort darauf erleben wir seit ein paar Jahren: Die Gewissheit über die Absolutheit des Folterverbots ist dahin. In Afghanistan wurde und wird »knallhart« befragt, »in schmerzhafte Positionen« gezwungen und »jeder mögliche Druck« gegen Gefangene angewendet, »um amerikanische Leben zu retten«. So ist es in der amerikanischen Presse zu lesen. Nicht nur Menschen, auch Rechtsgrundsätze wurden also von den Trümmern der Twin Towers erschlagen. Die Erschütterungen sind weltweit zu spüren; auch in Deutschland. Der Satz, den einst der Kommunarde Fritz Teufel aus Gaudium dem Gericht zugerufen hat, wird jetzt zum ernsten Rechtfertigungsgrund: »Wenn es der Wahrheitsfindung dient.«

In Afghanistan und andernorts spricht man von »tragischen Notwendigkeiten«. Überall, wo gefoltert wird, beruft man sich darauf, eine Gefahr für einen oder für viele Unschuldige durch den peinlichen Zugriff auf einen »Inquisiten«, einen Angeklagten, verhindern oder entschärfen zu wollen. So ähnlich hat sich auch der Polizeiführer Daschner eingelassen. Er hat sein Androhen von Folter in einem Fall, wie er leider zum Alltag der Polizei gehört, als Rettungsversuch, als einzige Chance, den Tod eines Kindes zu verhindern, gerechtfertigt, er hat sich zu einem Helden stilisiert wie in einer Tragödie von griechischem Ausmaß. Aber solche Tragödien, wie Daschner sie durchzustehen hatte, sind nicht antik griechisch, sie sind deutsch, sie sind italienisch, australisch – sie ereignen sich überall dort, wo Opfer geschützt und Verbrechen verfolgt werden. Das Gefühl, einem Opfer nicht helfen, ein Geschehen nicht verhindern zu können, ist schwer zu ertragen. Auch der Autor dieser Zeilen wäre zur Folter bereit, ginge es darum, dadurch sein Kind oder einen lieben Angehörigen zu retten – und er würde dann die Strafe dafür erwarten und ertragen müssen. Doch wo der Staat selbst einen Menschen zum Opfer macht, ihn als Mittel zum Zweck benutzt, da ist kein Halten mehr, da finden sich immer Gründe, die es notwendig erscheinen lassen, Menschen zu peinigen, zu quälen und sie als unwert zu betrachten. Wer die rechtsstaatlichen Grenzen von Fall zu Fall verschieben will, der hebt sie auf.

Nicht erst die Folter, sondern schon die Wertabwägung zwischen »Würde« und »Leben« ist der Sündenfall. Nicht erst die Folter, sondern die Verhältnismäßigkeitssucht ist intolerabel, eine Verhältnismäßigkeitssucht, die Menschenleben und Menschenwürde auf die Waagschale wirft, zueinander ins Verhältnis setzt und zu tarieren beginnt.

Die Menschenwürde steht über allem, auch über dem Leben. Dies zeigt sich eindrucksvoll in Artikel 15 der Europäischen Menschenrechtskonvention und Artikel 4 des Internationalen Pakts über die Bürgerlichen und Politischen Rechte: Zwar relativieren sie die Menschenrechte in Kriegszeiten und in Zeiten des sonstigen öffentlichen Notstands, der das Leben einer Nation bedroht, doch lassen sie keine Ausnahme vom Folterverbot zu, das damit absolut notstandsfest ist.

Wenn selbst dann nicht gefoltert werden darf, wenn das Leben einer ganzen Nation auf dem Spiel steht, »dann erst recht nicht, wenn nur einzelne Menschen in Gefahr sind, so tragisch ihr Fall auch immer liegen mag«, folgert der Bielefelder Strafrechtswissenschaftler Bernhard Kretschmer. Kretschmer hat ein anschauliches Fallbeispiel konstruiert: Wollte man dem Staat den Tabubruch gestatten, dann wäre künftig das Problem fehlender Transplantate leicht zu lösen: Möglich wäre nicht nur der konsequente Zugriff auf alle Toten mit brauchbaren Organen, erzwungen werden könnten auch Transfusionen, ja selbst die Lebendspende einer Niere. Das berührte zwar sicher die Würde der »Spender«, doch stünde auf der anderen Seite die Würde der Kranken, die der Staat schützen muss. Und weil es bei den Kranken um das Leben geht, bei den Zwangsspendern aber nur um die körperliche Unversehrtheit, ist der Ausgang der Abwägung klar – sie geht zu Lasten des Nierenbesitzers.

Folter beginnt mit dem irrealen Fall und führt dann schnell zum realen. Wie rasch Kriterien hinfällig werden, die an die Folter geknüpft werden, zeigt die aktuelle Diskussion: Erst wurde Folter erwogen für atomare und chemische Szenarien, für sogenannte namenlose Verbrechen, wenn ohne Folter zahllose Menschen qualvoll sterben müssten; nun wird sie, wie im Fall Daschner, schon im tragischen Fall des entführten Kindes befürwortet, das gar nicht mehr zu retten war.

Eine Mehrzahl der Deutschen hat, den Umfragen nach, Verständnis für den Frankfurter Polizeiführer, der dem Entführer Folter angedroht hat; man respektiert die Gewissensnot, die Tragik, den Rettungszweck und sieht die Moral auf Daschners Seite. Und viele Menschen, ob rechtskundig oder nicht, versuchen, Recht und Moral, Verbot und Daschner miteinander zu versöhnen: Es gehe ja nicht um die Aufhebung, sondern nur um die Relativierung des Folterverbots. Er habe ja nicht gefoltert, sondern die Folter nur angedroht – und womöglich nicht einmal das, sondern lediglich Missgriffe in Aussicht gestellt. Er habe in verzweifelter Lage eine verzweifelte Entscheidung getroffen. Und Daschner sei ja kein Sadist in Abu Ghraib, sondern ein Polizist in Frankfurt, der zu retten versucht habe, was zu retten ist, aber leider nicht mehr zu retten war. Er habe, so heißt es, nicht gerichtliche Strafe, sondern moralischen Respekt verdient. Hätte man nicht, so heißt es, den Mann, der angeklagt und (sehr milde) verurteilt wurde, auf Schultern durch Frankfurt getragen, wenn er Erfolg gehabt hätte?

Soll, kann, darf man einen Menschen bestrafen, weil er so gehandelt hat, wie es der Empfindung so vieler Menschen entspricht?

Einige Juristen haben argumentiert, das Folterverbot gelte nur im Straf-, nicht im Polizeirecht, nur bei der Repression also, aber nicht bei der Prävention, es gelte nur bei der Verfolgung, nicht bei der Vorbeugung von Verbrechen. Das ist Unfug. Erstens deswegen, weil diese beiden Bereiche sich stark überlagern. Und zweitens ist es dem, der malträtiert wird, egal, ob dies im Polizei- oder im Strafverfahren geschieht, ob es sich um Geständnisfolter oder Rettungsfolter handelt. Die Schmerzen sind dieselben. Folter ist Folter, ganz gleich, welches Gesetz neben den Folterinstrumenten auf dem Tisch liegt.

Es stimmt auch nicht, dass die gesetzliche Erlaubnis für den sogenannten finalen Rettungs- oder Todesschuss gegen einen Geiselnehmer, der sein Opfer bedroht, nichts anderes sei als ein tödlicher Spezialfall der Folter. Die Gesamtsituation ist eine völlig andere, Täterschaft, Bedrohungs- wie Rettungssituation sind bei der Geiselnahme manifest und augenscheinlich. Der Folterer dagegen arbeitet mit Annahmen und Hypothesen über ein angeblich verborgenes gefährliches Wissen des von ihm Gefolterten. Der Folterer hat (wie der Befehlsgeber, der ein Flugzeug abschießen lässt) die Bedrohungs- und Rettungssituation nicht unmittelbar vor Augen, sondern nur ein fiktives, ein mutmaßliches Bild von ihr. Er foltert auf Verdacht.

Jeder vierte Deutsche kann sich vorstellen, eine Partei wie die des Amtsrichters Schill zu wählen; das besagte eine Forsa-Umfrage nach den Hamburger Wahlen im September 2001. Ronald Schill hatte damals mit seiner »Partei Rechtsstaatliche Offensive« in Hamburg 19,4 Prozent der Stimmen erzielt – mit Forderungen wie: Nicht therapierbare Straftäter sollen nur dann wieder auf freien Fuß kommen, wenn sie sich zuvor einer freiwilligen Kastration unterzogen haben. Oder: Eltern, die ihre Erziehungspflicht nachhaltig verletzen und deren Kinder massiv straffällig geworden sind, sollten selbst mit strafrechtlichen Sanktionen rechnen müssen. Also: Weg mit dem verständnisvollen Getue gegenüber Tätern, weg mit dem Resozialisierungstrara?

Unter tatkräftiger Mithilfe des Bundesverfassungsgerichts hat sich zwar in der Bundesrepublik Deutschland eine liberale Strafrechtsordnung entwickeln können, doch viele ihrer Vorschriften schwimmen wie Schnittlauch auf einer Suppe von

Vorurteilen, sind in den Augen vieler Schnickschnack, Zierat und überflüssige Wohltat für Verdächtige, Beschuldigte und Verurteilte. Brauchen Strafgefangene Vollpension? Reicht es nicht, wenn Betrüger jeden zweiten, Drogendealer und Kinderschänder jeden dritten Tag satt werden? Und könnte der Strafvollzug nicht die Ausländer im hiesigen Knast ein wenig härter anfassen als die Einheimischen? Also wenigstens ein wenig so, wie die das zu Hause gewohnt sind? Nein, natürlich keine Schläge, aber vielleicht doch, zur Abschreckung, eine kurze Kette am Fuß? Und wäre es so schlimm, wenn es in der Zelle eines Vergewaltigers ein wenig stinkt? Es müsste ja nicht so heftig sein wie in einem Fall, den das Bundesverfassungsgericht 1993 entschieden hat: Da musste ein Gefangener in einer Zelle leben, die wegen eines verstopften Abflusses immer wieder mit Fäkalien überschwemmt wurde.

Damals meinte zwar das höchste deutsche Gericht, dass dies einen Entzug wesentlicher Existenzbedingungen darstelle und damit grundgesetzwidrig sei. Wenn aber ein Gefangener partout kein Sühnebedürfnis entwickelt – soll man da nicht ein bisschen phantasievoll nachhelfen dürfen? Es müssen ja nicht gleich Fäkalien sein. Vielleicht genügt es, wenn der Häftling nur kalt duschen darf. Und bei dem Ladendieb, der zum fünften Mal hintereinander erwischt wird – soll man es bei dem nicht doch einmal mit der Methode versuchen, die etliche US-Sheriffs anwenden? Die hängen dem Dieb ein Schild um den Hals und stellen ihn vor den Supermarkt: »Ich habe hier gestohlen.« Und wenn schließlich ein Entführer partout nicht sagen will, wohin er das Opfer gebracht hat – soll man ihm da wirklich gar nicht ein wenig massiver auf den Zahn fühlen dürfen? Es geht ja nicht um den Einsatz von Daumenschrauben und Streckbank, sondern nur um »ein wenig« Schmerzzufügung und Angsteinjagen.

Solche Empathie jedes Einzelnen für die Opfer ist ebenso verständlich, wie sie gefährlich ist, wenn daraus eine Maxime für staatliches Handeln abgeleitet wird. Nur das strikte Verbot schafft die von Polizisten zu Recht eingeforderten klaren Verhältnisse, zu denen sich das mit Notständen und Terrorismusbedrohung vertraute Israel nach kurzzeitiger Verunsicherung wieder bekennt: Es darf unter keinen Umständen gefoltert werden!

Jan Philipp Reemtsma hat bemerkt, es sei der gravierendste Fehler der gegenwärtigen Diskussion, die Frage nach dem Verbot der Folter für eine moralische Frage zu halten. Darum klinge es so plausibel, wenn der Fall des entführten Jungen angeführt wird, dessen Leben, hätte er noch gelebt, hätte gerettet werden können, als man dem Entführer Folter androhte. Das Verbot der Folter, so Reemtsma, gehöre nicht in den Bereich der Moralität, sondern in den der Sittlichkeit. Es gehe nicht um das Verhalten Einzelner und ihr Verhalten im Einzelfall, sondern um die Verfassung des Gemeinwesens, nicht um die Frage, wie jemand in dieser oder jener Situation handeln soll oder nicht, »sondern darum, welche Normen gelten sollen, damit wir die sein können, die wir sein wollen«. So argumentiert auch der Münchner Rechtsphilosoph Norbert Brieskorn: Das Folterverbot gehört zu den Unverfügbarkeiten des Rechts und der Gesellschaft, es ist Kern und Indiz der Zivilität und Humanität einer Rechtsordnung. Es antwortet auf die Frage: Wer sind wir? Wie sollen wir zusammenleben? Was wollen wir uns nie antun?

Der Strafrechtler Frank Saliger tröstete sich in seinem Habilitationsvortrag damit, dass die neue Diskussion über das Foltern ja auch ihr Gutes haben könne: Wer sich der guten Gründe für das Folterverbot anlässlich eines Tabubruchs (er meinte den Fall Daschner) vergewissert habe, der könne dem nächsten Tabubruch zwar aufmerksam, aber unaufgeregter entgegensehen. Hier ist der Wunsch allerdings stärker, als es die Fakten sind. Zwar äußerten sich juristische Autoritäten wie Winfried Hassemer, der Vizepräsident des Bundesverfassungsgerichts, glasklar: »Ein zentraler Rechtssatz wie das Folterverbot muss abwägungsfest sein, sonst ist er zunichte!« Aber die Gewissheit über die Abwägungsfestigkeit stellt sich nicht so recht ein. Im Gegenteil: Matthias Herdegen behauptet in der Neuauflage des Grundgesetzkommentars Maunz/Dürig, des heiligen Buchs der deutschen Staatsrechtslehre, »dass etwa eine willensbrechende und schmerzhafte medizinische Zwangsbehandlung, die Überwindung willentlicher Steuerung oder die Ausforschung unwillkürlicher Vorgänge etwa durch Wahrheitsdrogen wegen der auf Lebensrettung gerichteten Finalität eben nicht den Würdeanspruch verletzen«. Damit wird Folter »wegen der auf Lebensrettung gerichteten Finalität« zugelassen, ein bisschen Folter jedenfalls, Herdegen nennt das nur nicht so. Er relativiert die Menschenwürde, er wirbt für eine »bilanzierende Gesamtwürdigung bei der Konkretisierung des Würdeanspruchs«, er mokiert sich über alle, für die der Würdeanspruch »unverrückbare Konturen« hat, er wirft ihnen das »Streben nach größtmöglicher Simplifikation« vor. Wer die Menschenwürde als absolut verteidige, der sei, so Herdegen, »in der menschlichen Sehnsucht nach einfachen Gewissheiten« befangen. Herdegen ist Professor an der Universität Bonn und Honorarprofessor der Päpstlichen Universität Javeriana in Bogotá.

Seine Lehrsätze sind Pfeile ins Herz des Artikels 1 Grundgesetz. Jedes Schulkind kennt den Satz, der dort steht, er ist der größte und wichtigste des deutschen Rechts: »Die Würde des Menschen ist unantastbar«. Er ist kein bloßes Leitsprüchlein, er ist nicht Teil einer gefälligen Präambel, sondern der Halt der gesamten Verfassung, der innerste Kern des Rechts. Dieser Satz war seit Verkündung des Grundgesetzes der sicherste aller sicheren Sätze – unantastbar. Er ist ein Satz, der jede Folter ausschließt, auch die Folter, die jetzt Rettungsfolter genannt wird.

Doch das Sichere ist nicht mehr sicher, das Unantastbare wird antastbar. Eine neue Schule der Staatsrechtslehre lehrt, dass Art und Maß des Würdeschutzes offen sein müsse für Differenzierungen, die den »konkreten Umständen« Rechnung tragen. Herdegen gehört zu dieser Schule, auch der Würzburger Verfassungsrechtler und Rechtsphilosoph Horst Dreier, der in dem von ihm herausgegebenen Grundgesetz-Kommentar über die Menschenwürde schreibt: »Der Gedanke der rechtfertigenden Pflichtenkollision« dürfe »nicht von vornherein auszuschließen sein.« Die Menschenwürde soll also in Kollisionsfällen auch einmal zurücktreten müssen. Wenn man das aus dem Juristischen ins Deutsche übersetzt, heißt das: Um Leben zu retten, kann ausnahmsweise Folter rechtmäßig sein. Der Einsteinsche Satz »Alles ist relativ« wird so auf die Grundnorm der Verfassung ausgedehnt.

Ernst-Wolfgang Böckenförde, der große Staatsrechtslehrer und frühere Bundesverfassungsrichter, klagt bitter über diese Herabstufung des Grundrechts der Menschenwürde durch seine Kollegen, er konstatiert einen schmerzlichen Wechsel im Verständnis der Menschenrechte, eine radikale Abkehr von dem, was die Mütter und Väter des Grundgesetzes wollten.

Wenn es die Relativierer der Menschenwürde auf die Spitze treiben, dann müssen wir irgendwann mit einem »Rettungsfoltergesetz« rechnen, das dann in seiner Begründung womöglich wie folgt lautet: »Wenn mit Folter ein Mensch gerettet werden kann, darf ein bisschen gefoltert werden. Sind zehn Menschen bedroht, darf die Folter massiver ausfallen. Wird eine ganze Stadt oder ein ganzes Land bedroht, ist die ganz große Folter erlaubt.« Paul Teitgen, Widerstandsheld in Frankreich und Opfer von Folter im KZ Dachau, stand als Polizeichef im Algerienkrieg vor der Situation, Folter anzuordnen, um von einem Festgenommenen nach einer Bombenexplosion das Versteck der zweiten Bombe zu erfahren. Er lehnte ab: »Wenn man sich einmal auf Folter einlässt, dann ist man verloren.«

Eine Rechtsordnung, die eine Ermächtigung zur Folter nicht zur Verfügung stellt, »verschläft nicht die Möglichkeit eines Ausnahmezustandes, sie weigert sich nur, für diesen Fall die Aufhebung ihrer selbst anzubieten«. Dieser Satz stammt von der Verfassungsrichterin Gertrude Lübbe-Wolff.

Der Rechtsstaat ist nicht der Leviathan-Staat des Thomas Hobbes. Ein solcher Leviathan-Staat, dessen Souveränität auf der Furcht seiner Bewohner gründet, ordnet alles der Sicherheit unter. Er kennt dabei keine Grenzen. Im Leviathan-Staat ist die Menschenwürde antastbar, im Rechtsstaat nicht. Ein Rechtsstaat foltert nicht, sonst ist er keiner mehr. Foltern zerstört die zivile Basis des Zusammenlebens. Aber davon ist die aufgeklärte Gesellschaft von heute offenbar ähnlich schwer zu überzeugen wie im Jahr 1806 der aufgeklärte Herrscher Max Joseph von Bayern. Dessen Zustimmung zur Abschaffung der Folter erreichte der große Strafrechtslehrer Anselm Ritter von Feuerbach, der Vater des Philosophen Ludwig Feuerbach, nur mit großer Mühe. Dem Souverän von heute, dem Volk, dürfen Politiker und Strafrechtswissenschaftler bei dieser Frage nicht nach dem Munde reden, sie müssen viel Mühe aufwenden, um zu überzeugen, dass wir uns und anderen Folter nie antun dürfen.

3. Kapitel

Der Präventions- und Überwachungsstaat: Verbeugung vor der Vorbeugung

Die alten Griechen erfanden den Argus; er hatte die nach ihm benannten Argusaugen. Die Hälfte dieser Augen schlief jeweils, während die andere wachte. Die Geschichte dieser Bewachung geht so: Io, Tochter des Königs Inachos, wurde in ihren Träumen immer wieder von Zeus verfolgt. Sie erzählte ihrem Vater davon, worauf dieser nach Delphi ging, um dort das Orakel zu befragen. Es riet ihm, die Tochter davonzujagen und sie Zeus zu überlassen, damit nicht sein ganzes Geschlecht von den Blitzen des Zeus vernichtet werde. So wurde Io also die Geliebte von Zeus, der sie in Gestalt eines Stiers verführte. Als seine eifersüchtige Gemahlin Hera Verdacht schöpfte, versuchte Zeus, seine Frau zu täuschen, indem er die Geliebte Io in eine Kuh verwandelte. Hera ließ sich nicht beruhigen und zwang ihn, ihr die schöne Kuh zu überlassen. Die ließ sie vom Hirten Argus bewachen, dem mit seinen hundert Augen nichts entging. Und weil sich die alten Griechen noch mehr Observation überhaupt nicht vorstellen konnten, gaben sie dem Argus den Beinamen Panoptes, der Allesseher.

Wenn man diesem Panoptes dazu auch noch hundert Ohren gibt, ist er ein schönes Symbol für den Präventionsstaat, wie ihn die Politiker der Inneren Sicherheit etablieren. Verglichen mit den neuen Überwachungstechniken, mit dem Millionen-Kamera-System in Großbritannien beispielsweise, war der griechische Allesseher freilich ein recht harmloser Geselle. Man müsste ihm, um ihn auf die Höhe der Zeit zu bringen, auch noch ein Gehirn verpassen, das alles Gesehene und Gehörte dauerhaft speichern, sortieren, katalogisieren und kombinieren kann.

Vom Allesseher Panoptes zum »Panoptikum«: So nannte der englische Moralphilosoph Jeremy Bentham (1748–1832) den Entwurf eines Gefängnisses. Sein »Panopticon« sollte ein kreisrunder Bau sein mit einem gewaltigen Turm in der Mitte, auf dem ein Wächter durch große Fenster in jede Zelle schauen kann. Er sieht nicht alle Häftlinge zur gleichen Zeit, aber da sie nie wissen, wann er sie beobachtet, verhalten sie sich so, als würden sie beobachtet. Sie leben in der Hypostase des allzeit kontrollierenden Blicks, Selbstdisziplinierung tritt an die Stelle physischer Kontrolle. Bentham wollte das Auge Gottes nachbauen, dem bekanntlich nichts entgeht, das Einblick hat in die Abgründe der Seele. Er glaubte, die Gefangenen würden den Kontrollblick verinnerlichen, und so würde aus seinem Panopticon ein Beitrag zur Verbesserung der Menschheit.

Das Panopticon des Moralphilosophen ist nie gebaut worden. Zweihundert Jahre später wird es nun mit neuen Mitteln, auf andere Weise und auf einem gewaltigen Areal errichtet: Auf der britischen Insel gibt es derzeit rund 4,3 Millionen überwiegend von den Kommunen betriebene Kameras zur Videoüberwachung. »CCTV«: das ist keiner der neuen privaten Fernsehsender, sondern das Kürzel für »Closed Circuit Television«, eine durch ein geschlossenes Kabelnetz verbundene Videoanlage – und die dauerhafteste Hinterlassenschaft der Regierung von Tony Blair. Während seiner Amtszeit wurde aus der Heimatinsel der liberalen Bürgerfreiheit ein Bürgerüberwachungssystem gemacht. Der »Regulation of Investigatory Powers Act«, den das Parlament im Jahr 2000 verabschiedete, regelt in Teil zwei die offenen und die versteckten Überwachungsmethoden. Das britische Innenministerium hat in den vergangenen

Jahren 78 Prozent seines zur Verbrechensvorbeugung bestimmten Budgets in die Kameraüberwachung gesteckt. In Provinzstädten wie Edinburgh und Manchester wird jeder Bürger durchschnittlich an die hundertmal am Tag gefilmt, dreihundert Kameras verfolgen jeden Londoner beim Einkauf und auf dem Weg zur Arbeit. Die allgegenwärtigen Kameras werden immer wieder mit der Terrorgefahr begründet. Doch die Bürger, die von ihren Bürgermeistern CCTV fordern, haben in erster Linie Angst vor Kriminalität – und nehmen die anonyme Kontrolle über sich selbst, die ihnen als Rezept gegen Angst und Kriminalität offeriert wird, bisher ziemlich gleichgültig hin.

Als Reiner Luyken, Auslandskorrespondent der *Zeit,* die nordostenglische Hafenstadt Middlesbrough besuchte und er in der Nähe des Bahnhofs an einem Mast mit Kamera und zwei Lautsprechern stehenblieb, tönte ihm eine Stimme aus dem Lautsprecher entgegen: »Guten Morgen. Sie werden von unserer CCTV-Anlage beobachtet.« Und was erklärte anschließend der Leiter des städtischen Beobachtungssystems dem konsternierten Reporter? »Nur die Kriminellen, die Gauner und Gangster sind dagegen. Wer sich nichts zuschulden kommen lässt, der hat auch nichts zu befürchten«. Man kann das freiwillige Selbstkontrolle, man kann es auch »Selbst-Prisonisierung« oder Selbst-Einkerkerung nennen.

Die Bürgerinnen und Bürger lassen es sich gefallen, dass CCTV zum »behaviour management«, also zur Verhaltenssteuerung und zur Sozialkontrolle eingesetzt wird: »Heben Sie bitte Ihren Abfall auf, und werfen Sie ihn in den Mülleimer.« Das ist Sozialbereinigung im Wortsinn. Wer nicht pariert, wird publiziert: Sein Foto erscheint in einer Anzeige in der örtlichen Presse. Seitdem braucht man in Middlesbrough statt sechs Straßenreinigungsmaschinen nur noch zwei. Auch britische Schulen brauchen weniger Reinigungskräfte. Sie haben ein Videobeobachtungssystem installieren lassen. Es soll für gutes Benehmen und für weniger Schmierereien in den Toiletten sorgen. »Wenn man die Kinder mit den Videos konfrontiert«, erklärt der Direktor der King-Ecgbert-Schule in Sheffield, »werden sie auf einmal ganz klein. Dann geben sie alle Ungezogenheiten zu.«

Wer nichts zu verbergen hat, hat nichts zu befürchten. Auch in Deutschland ist die Forderung nach polizeilicher Videoüberwachung in den Sicherheitsdebatten allgegenwärtig, staatliche Kamerasysteme in öffentlichen Räumen sind es aber noch nicht. Im Jahr 2006 gab es erst hundert polizeilich betriebene Kameras in sechsundzwanzig Städten. Aber die Zahl der im öffentlichen und im öffentlich zugänglichen Raum eingesetzten Kameras privater Betreiber wird bereits heute vage auf vierhunderttausend bis drei Millionen geschätzt.

Züge, Bahnen, Tankstellen, Einkaufszentren und Kaufhäuser sind in Deutschland ziemlich flächendeckend überwachte Örtlichkeiten.

Noch ist Big Brother in Deutschland, anders als in Großbritannien, also ein Privatmann; doch auch dieser überwachende Privatmann kann dem Staat durchaus von Nutzen sein, wenn er auf die privaten Aufzeichnungen Zugriff nimmt und sich ihrer zur Aufklärung von Straftaten bedient, wie das bereits geschieht. Zudem ist nun auch der Staat dabei, sich Argusaugen zu implantieren: Immer mehr Länderpolizeigesetze erlauben der Polizei die automatisierte Dauerfahndung per Videokamera. Bisher musste die Polizei bei der Fahndung die Autos anhalten und dann im Fahndungsbuch mühsam nachblättern, ob Personen oder Kennzeichen dort registriert waren. Solche Aktionen waren aufwendig und auffällig. Jetzt soll das anders werden: Bei der Kfz-Fahnung per Video im fließenden Verkehr ist immer Fahndungstag, rund um die Uhr, dreihundertfünfundsechzig Tage lang, aber es merkt keiner; die Autos werden nämlich nicht mehr aus dem Verkehr herausgewunken, sondern einfach per Videokamera gefilmt, die Kamera ist mit Computersystemen gekoppelt, und diese sind wiederum mit Fahndungsdateipaketen bestückt, mit denen die erfassten Autobilder sofort abgeglichen, sortiert und ausgewertet werden; im Fall eines Kennzeichentreffers gibt es Alarm. Diese

Videokontrolle müsste aus Gründen des Datenschutzes eigentlich spurenlos erfolgen, was auch dem Stand der Technik entspräche. Offenbar werden aber die Daten der Kfz-Kennzeichen zunächst zwischengespeichert, um sie anschließend abzugleichen. Das ist nur dann notwendig, wenn der Rechner, der die gesuchten Kfz-Kennzeichen enthält, die enorme Anfragelast nicht in Echtzeit bewältigen kann – oder wenn man die gewonnenen Daten für andere Zwecke verwenden möchte.

Die Videoüberwachung der öffentlichen und der öffentlich zugänglichen Räume basiert auf der Alltagserkenntnis, dass Straftäter nicht entdeckt werden wollen, es sei denn, sie sind betrunken – so dass die abschreckende Wirkung der Kameras gegen die sogenannte Zechanschlusskriminalität und gegen Impulsstraftaten nichts hilft. Ansonsten können Kameras sehr sinnvoll sein. Der glaubensbesessene fundamentalistische Terrorist, der Selbstmordattentäter, ist allerdings ein ganz besonders Betrunkener – er legt es geradezu darauf an, gesehen zu werden. Die Kamera schreckt ihn nicht ab, sie kann ihn auch nicht festhalten, sehr wohl aber seine Tat; sie dient als stummer Zeuge. Die Bilder der Videoüberwachung fungieren aber auch als Beweis für die Notwendigkeit permanenter Beobachtung. Und so haben die Behörden die Aufnahmen mit den mutmaßlichen Terroristen vom Kölner Hauptbahnhof, die im Juli 2006 einen Anschlag geplant hatten, mit einiger Genugtuung präsentiert – auch weil solche Bilder die Beherrschbarkeit der Bedrohung suggerieren nach dem Motto: Gefahr erkannt, Gefahr bekannt, Gefahr gebannt. Auch darauf beruht die ziemlich hohe gesellschaftliche Akzeptanz der Videoüberwachung.

Studien haben festgestellt, dass der Haupteffekt von Videokameras im Bereich der mittleren Alltagskriminalität ein Vertreibungseffekt ist: Straftäter weichen dorthin aus, wo keine Videokameras stehen. In der Kriminalstatistik macht das keinen Unterschied, für Banken und Supermärkte schon. Der heilige Florian ist also der Schutzheilige der Videoüberwachung: Heiliger Sankt Florian, schütz unsre Bank, zünd andere an. Auf Verkehrswegen aber kann keiner den Kameras ausweichen – sie werden dort deshalb in Großbritannien nicht nur zu Fahndungszwecken oder zur Erhebung von Straßenmaut, sondern besonders häufig auch zur Überwachung von Geschwindigkeitsbeschränkungen eingesetzt; die Zahl der Strafzettel hat sich in der Folge von dreihunderttausend im Jahr 1996 auf mehr als zwei Millionen im Jahr 2004 gesteigert, was dem Staat 113 Millionen Pfund eingebracht hat – womit ein Viertel der staatlichen Videoinfrastruktur schon wieder bezahlt war.

Das britische Videofestival hat offenbar Verführungskraft. Zwar behaupten die deutschen Innenminister, es sei bei der Videoüberwachung nur daran gedacht, per Videofahndung gesuchte Verbrecher und gestohlene Autos aus dem Verkehr zu ziehen. Dagegen könnte in der Tat kaum jemand etwas haben. Aber diese Behauptungen sind nur der Köder, mit dem nach allgemeiner Zustimmung zu dieser Generalüberwachung geangelt wird. In Wahrheit wird es so sein (und in acht Bundesländern ist es schon so): Die Kontrolle per Video dient nicht nur der Fahndung nach Straftätern, gegen die ein Haftbefehl vorliegt; es wird auch nach Leuten gefahndet, die nur eine Ordnungswidrigkeit begangen und ihren Bußgeldbescheid noch nicht bezahlt haben. Die weitaus meisten Treffer, die man mittels Autokennzeichenabgleich per Überwachungskamera erzielt hat, betrafen Fälle, bei denen die Autofahrer ihrer Versicherungspflicht nicht nachgekommen waren. Und es werden die Bewegungsdaten von Leuten registriert, die noch gar nichts getan haben, von denen die Behörden aber glauben, dass es gut ist, wenn man sie schon einmal ins Visier nimmt. Die Autokennzeichen unbescholtener Bürger, die von den Kameras an Kreuzungen, in Tunnels und an Autobahnen gefilmt werden, werden nicht allein abgeglichen mit den vorhandenen Fahndungsdateien, sie werden offenbar unnötigerweise gespeichert und nicht sofort gelöscht ... man kann ja nicht wissen, wozu sie noch gut sein könnten.

Unter dem Motto »man kann ja nie wissen« wurden in den siebziger Jahren die Kennzeichen von Autos polizeilich registriert, die vor den Versammlungslokalen von Kernkraftgegnern parkten. Solche Misstrauensaktionen sind künftig im Großmaßstab möglich. Nur so könne man, werden die Innenminister ihren Kritikern und dem Bundesverfassungsgericht entgegnen, nur so könne man Erkenntnisse über islamistische Fundamentalisten gewinnen. Je unbestimmter die Gefahr, desto bedrohlicher kann sie geschildert werden – und umso schneller ist man bereit, die bisherigen Rechtsgarantien aufzuheben.

Wer nichts zu verbergen hat, hat nichts zu befürchten? Es handelt sich bei der Straßenvideoüberwachung um eine verkappte Dauerrazzia zur Sammlung potentiell nützlicher Daten auf Vorrat.

Die Kriminalisten wollen die Aufregung über die Videoüberwachung der Straßen nicht verstehen: Das Kennzeichen sei ja weniger ein persönliches, sondern quasi ein öffentliches Merkmal, das von den Behörden vergeben wird, gerade um Fahrzeuge und Autobesitzer zuordnen zu können – der Datenschutz sei also bei solchen Erfassungen kaum tangiert. Indes: Wenn ohne konkreten Anlass Millionen Kennzeichen erfasst werden, geht es weniger um die Tiefe der Eingriffe als um ihre Masse. Mit der Erfassung aller vorbeifahrenden Autos entsteht eine neue informationelle Infrastruktur, die nach nur geringfügigen Änderungen eine Massenüberwachung ermöglicht. Wer kann ausschließen, dass nicht nur die Kennzeichen, sondern auch die Fahrer und die Beifahrer bildlich erfasst werden? Dass die Daten und Konterfeis nicht nur abgeglichen werden mit den Fahnungsdateien und den Fahndungsfotos, sondern auch gespeichert und mit weiteren Daten zusammengebunden werden, so dass sich daraus Bewegungsbilder und Persönlichkeitsprofile ergeben – für welchen Fall auch immer?

Bei George Orwell war das »große Auge« das Auge des Staates. Heute sind Überwachung und Kontrolle per Video nicht nur eine Staatsveranstaltung. In den großen Einkaufszentren, in denen zunehmend auch die Freizeit verbracht wird, dienen Kameras als symbolische und reale Barrieren auch zur Einhaltung der vorgegebenen Verhaltensstandards, also zum reibungslosen Funktionieren der Konsumgesellschaft. Eine spezielle Software macht es bei Videosystemen möglich, dass bestimmte Bewegungen und bestimmte Gesichter erkannt und herausgefiltert werden können. Es gibt auch immer mehr »gated communities«, also bewachte Wohnanlagen und Stadtviertel, deren Freiflächen komplett videoüberwacht werden. In privat gegründeten Siedlungen, wie man sie in den USA kennt, existieren »Covenants, Conditions & Restrictions« genannte Regelwerke, die das Alltagsleben umfassend ordnen und vorschreiben, wo man sich vor dem eigenen Haus küssen und wann der Müll herausgestellt werden darf. Kriminalitätsfurcht führt zur freiwilligen Unterwerfung unter solche Regeln. Im Film *Minority Report* von Steven Spielberg (USA, 2002) verbirgt sich die totalitäre Überwachungstechnik in Werbetafeln, die einen direkten Kontakt zum Kunden via Augenscanner suchen. Das ergibt einen tieferen kapitalistischen Sinn, und vielleicht ist der Blick auf diese Werbetafeln der Blick auf den künftigen Alltag; vielleicht kommen die Augen, die aus diesen Tafeln schauen, aus einem Alltag, der direkt an den unseren grenzt.

In Großbritannien hat der Verband leitender Polizeibeamter die Zusammenschaltung der Kamerasysteme der Polizei, der Kommunen, des Straßenverkehrsamts und der privaten Überwacher, also aller staatlichen und privaten Kamerasysteme, gefordert. Eine solche Indienstnahme der Privaten für staatliche Zwecke ist nicht neu; im Bereich der visuellen Datenbestände ist sie bisher nur seltener praktiziert worden. Schon bei der Rasterfahndung nach mutmaßlichen terroristischen Schläfern hatte sich der deutsche Staat gesetzlich ausbedungen, auch auf private Datensammlungen Zugriff nehmen zu können: Wer nichts zu verbergen hat, hat nichts zu befürchten.

Was im Bereich des Straßenverkehrs als gesetzliche Regelung anrollt, ist im Bereich des Tele-kommunikationsverkehrs schon deutschland- und europaweit per Gesetz angeordnet: Das Gesetz zur Vorratsdatenspeicherung, in Kraft seit 1. Januar 2008, eröffnet den Sicherheitsbehörden den Zu-griff auf und das Erschließen von Daten, die von Privaten erfasst sind. Es verpflichtet die privaten Provider, alle elektronischen Spuren des gesamten Telekommunikationsverkehrs sechs Monate lang für die Sicherheitsbehörden zu speichern (auch wenn der Provider sie für seine eigenen Abrech-nungszwecke nicht oder nicht mehr braucht) und sie zum sofortigen Abruf bereitzuhalten. Gespei-chert wird doppelt, nämlich der Absender und der Empfänger, gespeichert wird, wer mit wem über Festnetz telefoniert, wer an einem Chat teilnimmt, wer an wen eine E-Mail oder eine SMS versendet, von welchem Standort aus, wohin, wann und wie lange. Die Daten, die durch die Inanspruchnahme des Internets ohne individuelle Kommunikation entstehen, kommen hinzu.

Gespeichert werden zwar nicht (jedenfalls nicht nach diesen Vorschriften) die Inhalte der Kom-munikation, aber »es ist offenkundig, dass die lü-ckenlose Aufschreibung der im Gesetz genannten umfangreichen Verbindungsdaten nach Art, Häu-figkeit und Standort der Verbindungen und der Beteiligten gerade im privaten Bereich wesent-liche Einblicke in die damit zusammenhängenden

Inhalte ermöglicht. Es ist offenkundig, dass sich mit der Zahl der gespeicherten Verbindungsdaten die Möglichkeiten potenzieren, Rückschlüsse auf Art, Inhalt und Intensität von Beziehungen, Interessen und Neigungen bis hin zu einem Persönlichkeitsprofil zu gewinnen.« So klagen der frühere Bundestagsvizepräsident Burkhard Hirsch und dreizehn weitere Beschwerdeführer in ihrer Verfassungsbeschwerde gegen die Vorratsdatenspeicherung.

Zugriffsberechtigt auf die Daten sind alle Sicherheitsbehörden, die Nachrichtendienste des Bundes und der Länder sogar ohne richterliche Kontrolle. Irgendwelche Verwendungsbeschränkungen für die Daten, ihre besondere Kennzeichnung, ein Verbot oder eine Begrenzung der Weitergabe an Dritte sind nicht vorgesehen beziehungsweise den jeweiligen staatlichen »Stellen« selber überlassen. Der Bürger erfährt nicht oder erst sehr viel später, dass seine Telekommunikationsdaten vom Staat abgegriffen worden sind. Wer nichts zu verbergen hat, hat nichts zu befürchten.

Die Geschichte, die zum Gesetz über die Vorratsdatenspeicherung führte, ist eine Pathologie der Schrumpfung des Grundrechtsbewusstseins: Schon Mitte der neunziger Jahre hatten sich nämlich viele Kriminalisten nicht mehr damit zufriedengeben wollen, dass Behörden nur im Einzelfall auf schon vorhandene (zu Abrechnungszwecken der Firmen festgehaltene) Verbindungsdaten zugreifen durften. Sie forderten damals, diese Daten umfassend und vorsorglich für Zwecke der Strafverfolgung und der Gefahrenabwehr zu speichern. Einen entsprechenden Vorstoß des Bundesrats lehnte aber 1997 die Regierung Helmut Kohl ab, weil eine so pauschale Vorratsspeicherung nicht mit der Verfassung vereinbar sei. Eindringlich warnten die Datenschutzbeauftragten des Bundes und der Länder vor einer Vorratsdatenspeicherung: Sie sei geeignet, »das Vertrauen des Einzelnen in die Nutzung moderner Kommunikationsmittel nachhaltig zu beeinträchtigen«. Das Bundesverfassungsgericht beschrieb diese Gefahr 2003 so: »Es gefährdet die Unbefangenheit der Nutzung der Telekommunikation und in der Folge die Qualität der Kommunikation einer Gesellschaft, wenn die Streubreite der Ermittlungsmaßnahmen dazu beiträgt, dass Risiken des Missbrauchs und ein Gefühl des Überwachtwerdens entstehen.«

Erst die geänderte Stimmungslage nach den terroristischen Anschlägen von 2001 in den USA und von 2004 in Madrid ließ die Ablehnungsfront bröckeln. Die Madrider Terroristen, die am 11. März bei einer Serie von Bombenattacken auf Züge hunderteinundneunzig Menschen ermordeten und zweitausendeinundfünfzig verletzten, hatten nämlich Mobiltelefone zur Fernzündung ihrer Bomben eingesetzt. Dass die Täter aufgrund der ohnehin vorhandenen Telekommunikationsdaten, also ohne Vorratsdatenspeicherung, gefasst werden konnten, wurde in der Diskussion kaum mehr zur Kenntnis genommen.

Der EU-Rat für Justiz und Inneres forderte die Europäische Kommission auf, »entsprechende Vorschläge« zu erarbeiten. Besonders der ehemalige Bundesinnenminister Otto Schily machte sich dann dafür stark. Für einen entsprechenden Rahmenbeschluss gab es in der Europäischen Union aber nicht die erforderliche Einstimmigkeit; deshalb legte die Kommission stattdessen, nun gestützt auf die Normen des EG-Vertrags zur Verwirklichung des Binnenmarkts, eine Richtlinie zur Vorratsdatenspeicherung vor; diese wurde dann mit Zustimmung der Bundesregierung und unter Abnicken des Bundestags (der aber einige Bedenken gegen die Rechtsgrundlage dieser Richtlinie erhob) in Kraft gesetzt.

Die EU-Mitgliedsländer Irland und Slowakei erhoben vor dem Europäischen Gerichtshof Nichtigkeitsklage: Sie bestreiten, dass die Richtlinie zur Vorratsdatenspeicherung eine vertragliche Grundlage hat. Nicht ganz ohne Grund, denn die dritte Säule der Europäischen Union, sie betrifft die polizeiliche und justitielle Zusammenarbeit der EU-Mitgliedsstaaten in Strafsachen, basiert nicht auf Gemeinschaftsrecht, sondern auf zwischenstaatlichem Recht, sie ist also dem Völkerrecht zugeordnet. Folglich bedürfen Rahmenbeschlüsse – und nur die dürfen auf diesem Feld geschlossen werden –, der Zustimmung jedes einzelnen europäischen Mitgliedsstaats, können also nur einstimmig getroffen werden, binden die Mitgliedsstaaten nur in den Zielen und müssen, um überhaupt wirksam zu werden, von den nationalen Parlamenten umgesetzt und konkretisiert werden. Gelingt dies, wie im Fall der Vorratsdatenspeicherung, mangels Einstimmigkeit nicht, ist für weitere Rechtsetzungen kein Raum mehr. Im Fall der Vorratsdatenspeicherung hat die Europäische Union daher zu einem Trick gegriffen – und eine angebliche Rechtsgrundlage geklaut; man entdeckte sie in den Bestimmungen über den Binnenmarkt und stützte darauf eine Richtlinie. Man tat einfach so, als ginge es bei der Vorratsspeicherung der Telekommunikationsdaten nicht um eine Maßnahme der Inneren Sicherheit, sondern um eine Wettbewerbsregelung für die Provider. Zum Zweck einer europaweiten Regelung der Vorratsdatenspeicherung wurde eine Sicherheitsmaßnahme als Wirtschaftsmaßnahme ausgegeben.

Die Parlamente aller Mitgliedsländer der Europäischen Union – mit Ausnahme Irlands und der Slowakei – haben die Richtlinie gleichwohl klaglos ausgeführt. Das ist ein weiteres Beispiel für die von dem italienischen Philosophen Giorgio Agamben konstatierte Verwandlung der parlamentarischen zu einer gouvernementalen Demokratie. Das gilt für die Europäische Union, in der die Regierungen und die Kommission das Sagen haben, das gilt auch für die nationalen Parlamente, die sich heute mehr und mehr darauf beschränken, Anordnungen der europäischen Exekutive durch Erlasse mit Gesetzeskraft zu ratifizieren.

Vom ursprünglichen Anlass der Vorratsdatenspeicherung, also der Vorbeugung gegen terroristische Anschläge und deren Verfolgung, hat sich die gesetzliche Regelung weit entfernt: Es geht bei der Vorratsdatenspeicherung gar nicht primär um die Aufklärung schwerster Verbrechen, auch nicht um eine konkrete Gefahr für den Bestand und die verfassungsmäßige Ordnung von Bund und Ländern. Die Telekommunikationsdaten eines jeden Einwohners der Bundesrepublik (wie aller Einwohner der Europäischen Union) müssen nun abrufbereit vorgehalten und gespeichert werden für praktisch jede staatliche Anfrage – zur Aufklärung oder zur Vorbeugung nicht nur terroristischer, sondern aller nur erdenklichen Delikte; auch nur pauschal zur Abwehr von Gefährdungen der öffentlichen Sicherheit; oder schlichtweg dafür, dass sich die Geheimdienste aus irgendeinem Grund, den sie niemandem sagen müssen, dafür interessieren. Wann immer irgendeine Straftat »mittels Telekommunikation begangen« wurde, begangen werden soll oder vielleicht begangen werden könnte, kann auf die Daten zugegriffen werden, also praktisch immer; Telefon oder Internet sind ja heutzutage immer im Spiel. Die Zweckbindung des staatlichen Datenzugriffs an die Verfolgung schwerer Straftaten, die zuletzt schon sehr porös geworden war, ist nun aufgegeben. Die Unschuldsvermutung wird ad absurdum geführt. Wenn auf jeden zugegriffen werden kann, besteht die »Schuld« in der bloßen Benutzung von Telefon und Internet. Aber: Wer nichts zu verbergen hat, hat ja nichts zu befürchten.

Vorratsdatenspeicherung: Was jeden und was jedwede Kommunikation betrifft, das betrifft den Journalismus und die grundgesetzlich besonders geschützte Kommunikationsfreiheit in besonderer Weise. Der Schutz der Pressefreiheit reicht, so steht es im *Spiegel*-Urteil des Verfassungsgerichts aus dem Jahr 1966, »von der Beschaffung der Information bis zur Verbreitung der Nachrichten und Meinungen«. Und zuletzt im *Cicero*-Urteil von 2007 hat das höchste deutsche Gericht noch einmal bestätigt: »Die Gewährleistungsbereiche der Presse- und Rundfunkfreiheit schließen diejenigen Voraussetzungen und Hilfstätigkeiten mit ein, ohne welche die Medien ihre Funktion nicht in angemessener Weise erfüllen können. Geschützt sind namentlich die Geheimhaltung aller Informationsquellen und das Vertrauensverhältnis zwischen Presse beziehungsweise Rundfunk und seinen Informanten. Staatlichen Stellen ist es darüber hinaus grundsätzlich verwehrt, sich Einblicke in Vorgänge zu verschaffen, die zur Entstehung von Nachrichten oder Beiträgen führen, die in der Presse gedruckt oder im Rundfunk gesendet werden.« Das alles scheint den Gesetzgeber nicht sonderlich zu kümmern; besondere Vorkehrungen zum Schutz der Pressefreiheit sind im Gesetz über die Vorratsdatenspeicherung nicht vorgesehen. Das heißt: Die Vertraulichkeit der elektronischen Kommunikation mit Journalisten und das Recht zur Geheimhaltung der Informationsquellen sind für die Medienfreiheit grundlegend. Gleichwohl wird künftig aber jede elektronische Kontaktaufnahme von oder zu einem Pressevertreter für einen längeren Zeitraum rückverfolgbar. Man muss kein Datenschützer und kein Presseverbandsfunktionär sein, um zu erkennen, was das bedeutet: Einschüchterung.

Ist diese Vorratsspeicherung mit dem Gebot der Achtung des Privatlebens nach Artikel 8 der Europäischen Menschenrechtskonvention vereinbar? Auf diesen Artikel 8 stützt sich auch Artikel 8 der Grundrechte-Charta der Europäischen Union, der den Schutz personenbezogener Daten regelt. Und diese Grundrechte basieren auf der Erkenntnis, dass jede Demokratie auf die unbefangene Mitwirkung ihrer Bürger angewiesen ist, dass sie von deren Meinungsfreude und deren Engagement lebt – und deshalb Furchtlosigkeit voraussetzt. Wenn der Bürger sich nicht mehr traut, die Presse auf gewichtige, womöglich vertrauliche, aber skandalöse Vorgänge aufmerksam zu machen, weil der Informantenschutz nicht mehr gewährleistet ist – dann leidet die Aufgabe der Presse. Wo ein Klima der Überwachung und Bespitzelung herrscht, kann ein freier und offener demokratischer Prozess nicht stattfinden.

Das neue Vorratsdatenspeicherungsgesetz ist also auch ein Aufklärungsverhinderungsgesetz gegen den Journalismus. Die Pressefreiheit muss beiseitespringen, oder sie wird überrollt, wenn der Staat mit Blaulicht daherkommt. Das ist nicht nur so beim staatlichen Zugriff auf die Telekommunikationsdaten, das setzt sich fort im Abhören der Telefonate: Lauschaktionen gegen Journalisten sollen möglich sein, wenn dabei die »Verhältnismäßigkeit« gewahrt bleibt. Wer zweifelt daran, dass die Sicherheitsbehörden im Zweifel nie an der Verhältnismäßigkeit zweifeln? Die neuen Gesetze entwerten die Pressefreiheit.

Natürlich leben Journalisten hierzulande gleichwohl nicht gefährlich. In vielen Staaten ist das anders: In Iran oder in China etwa ist die Pressefreiheit nur zwei mal drei Meter groß und hat den Grundriss einer Gefängniszelle. In solchen Ländern wissen aber die Menschen, was die Pressefreiheit wert ist. Sie wissen es, wie es die ersten deutschen Demokraten gewusst haben, auf dem Hambacher Fest von 1832 und in der Revolution von 1848, als alle politischen Sehnsüchte in diesem Wort »Pressefreiheit« mündeten. Der deutsche Gesetzgeber und der europäische Normensetzer wissen es offenbar nicht mehr.

Die Vorratsdatenspeicherung bedeutet – angesichts ihres Umfangs, angesichts der Totalität der Erfassung von grundrechtlich geschützten Daten – eine grundsätzliche Veränderung des Verhältnisses vom Staat zum Bürger: ohne jeden Anlass, ohne den geringsten Verdacht auf irgendeine Absicht, rechtswidrig zu handeln, oder ein noch so geringes Motiv, das vielleicht die Geheimdienste argwöhnisch machen könnte, wird das gesamte Kommunikationsverhalten sistiert. Die freie Kommunikation ist aber eine »elementare Funktionsbedingung eines auf Handlungsfähigkeit und Mitwirkungsfähigkeit seiner Bürger begründeten freiheitlichen demokratischen Staatswesens«, sagt das Bundesverfassungsgericht. Diese elementare Bedingung ist elementar bedroht. Jeder Nutzer der Telekommunikation, also jeder Bürger, der sich der heute üblichen Wege der Kommunikation bedient, um an Informationen zu gelangen, sie auszutauschen und so am gesellschaftlichen Leben teilzunehmen, ist nun Objekt staatlichen Zugriffs – das Recht auf unkontrollierte, also unbefangene Kommunikation ist gefährdet. Niemand kann der Speicherung, niemand kann dem Zugriff ausweichen, wenn er nicht besondere konspirative Vorkehrungen trifft. Solche Vorkehrungen aber treffen wohl eher gerade diejenigen, die etwas im Schilde führen. So kommt man weniger den gesuchten Terroristen auf die Spur als den Lebensgewohnheiten der Bürger.

Mit dieser Vorratsdatenspeicherung ist der Rubikon der allgemeinen Akzeptanz der Sicherheitsgesetze erreicht. So viel Klage war nie: Das Gesetz zur Vorratsdatenspeicherung hat einen Verfassungssturm ausgelöst; Zehntausende Bürger unterstützen mit ihrer Unterschrift Beschwerden, die beim höchsten Gericht in Karlsruhe zur Entscheidung anstehen. Nun ist Quantität noch kein Indiz für Qualität. Aber das massenhafte Aufbegehren steht für ein neues Phänomen: Es gibt eine wiedererwachte Sensibilität für ein lange verachtetes Grundrecht – für das Grundrecht auf informationelle Selbstbestimmung. Die Sätze aus dem Volkszählungsurteil des Bundesverfassungsgerichts von 1983 gewinnen wieder Glanz: Das Grundgesetz, so steht es da, schütze den einzelnen Bürger »gegen unbegrenzte Erhebung, Speicherung, Verwendung und Weitergabe seiner Daten«. Dieses Urteil lässt sich in einem Satz zusammenfassen: Der Staat darf zählen, aber nicht schnüffeln.

Die Richter wandten sich gegen eine Gesellschaftsordnung, »in der Bürger nicht mehr wissen können, wer was wann und bei welcher Gelegenheit über sie weiß«. Sie sollen nicht befürchten müssen, so heißt es weiter, dass »abweichende Verhaltensweisen jederzeit notiert und als Information dauerhaft gespeichert, verwendet und weitergegeben werden«. Im Juli 2007, in einem Urteil zum Zugriff der Sicherheitsbehörden auf die sogenannten Kontostammdaten (den die Richter erlaubten), nahmen die Richter ausdrücklich auf das Volkszählungsurteil Bezug und formulierten einen Satz, der wie ein Pfeil Richtung Vorratsdatenspeicherung fliegt: Eine »Sammlung der dem Grundrechtsschutz unterliegenden Daten auf Vorrat zu unbestimmten oder noch nicht bestimmbaren Zwecken« sei »mit dem Grundgesetz nicht vereinbar«.

Wenn mit der Vorratsdatenspeicherung der Rubikon erreicht ist, dann wird er mit dem heimlichen staatlichen Zugriff auf private Computer überschritten. Weil der Computer so etwas wie das Allerheiligste des modernen Menschen ist, sieht es so aus, als ob das Axiom »Wer nichts zu verbergen hat, hat nichts zu befürchten« zum ersten Mal bei einem breiten Publikum nicht mehr funktioniert. Der Widerstand, der sich gegen die Onlinedurchsuchung zu Wort meldet, ist erheblich größer, als man das bisher bei Sicherheitsgesetzen gewohnt war. Das ist kein Fall von Obrigkeitsallergie, sondern das Wiedererwachen rechtsstaatlicher

Sensibilität. Der PC gilt, weit mehr als das Telefon, vielleicht sogar mehr als das Schlafzimmer, als Inbegriff der Privatheit, die den Staat nichts angeht. In Computerdateien finden sich Tagebücher und Liebesbriefe, Urlaubsfotos und Kontoauszüge, Adressenlisten und Geschäftsverbindungen; die Dateien sind ein Schlüssel zur Privatheit und Intimität der Menschen. Die Sensibilität für den Datenschutz, der ansonsten fast zu einem Schimpfwort geworden war, wird wach, wenn es um den eigenen PC geht. Die Onlinedurchsuchung greift in den Kern der Privatheit ein.

Im Übrigen ist der Onlineeingriff in die Computer schon deswegen unzulässig, weil er unverhältnismäßig ist, und er ist auch deswegen unverhältnismäßig, weil er praktisch wenig tauglich ist: Es müsste die Festplatte durchsucht werden; da aber deren Übermittlung an die Sicherheitsbehörden im Ganzen nur schwerlich ohne Entdeckung möglich ist, müsste der Auftrag für den suchenden Robot auf einen Dateinamen oder Inhalt beschränkt werden. Wie will der Robot diese Namen oder Inhalte kennen, wenn sie mit Tarnbegriffen versehen sind? Bisher gibt es weltweit keine Spyware, die das schafft. Benützt der Täter eine Reihe von Speicherstiften, so ist der Zugriff von vornherein aussichtslos. Wenn gar offline gearbeitet wird, gehen Onlinedurchsuchungen ins Leere, etwa wenn auf einem Zweit- oder Fremd-PC oder einem gesonderten Notebook gearbeitet wird oder aber der Täter auf seinem eigenen PC einen Speicherstift benutzt, der ein anderes, spurenlos bleibendes Programm enthält, das dann auch auf Fremd-PCs übertragen und von dort gesendet oder empfangen werden kann. Zudem hinterlässt ein längeres Suchen Spuren. Überdies sind Daten und Inhalte manipulierbar. Sehr zweifelhaft ist deshalb, ob das so erlangte Datenmaterial überhaupt als Beweismittel tauglich ist.

Der Götterbote Hermes hat einst im Auftrag des Zeus den Argus überlistet; er hat ihn eingeschläfert, ihm den Kopf abgeschlagen und ihn vom Felsen gestürzt. Ein moderner Hermes, der dem Präventionsstaat den Garaus machen könnte, ist nicht zu sehen. Die Sicherheitspolitik gleicht einer Ausstattungsorgie für den Argus. Dem Präventionsstaat gilt das Wort, das einst der Famulus Wagner zu Faust gesagt hat, als Motto: »Zwar weiß ich viel, doch will ich alles wissen.« Der Präventionsstaat will wissen, was die Menschen reden und denken, mit wem sie kommunizieren, wo sie sich aufhalten, wie sie aussehen, was ihnen zu eigen ist, wer sie sind. Also hört man Telefonate ab, belauscht Wohnungen, speichert Bilder, greift auf Verbindungsdaten zu, ortet Personen mit dem satellitengestützten Navigationssystem GPS, taxiert sie nach biometrischen Fingerabdrücken und digitalen Konterfeis.

Zwar weiß ich viel, doch will ich alles wissen:

Das Allwissen verbirgt sich heute exemplarisch in der DNA-Analyse. Man nehme: Haare, Speichel oder Blut von möglichst vielen Menschen. Man mache damit: eine Genomanalyse, um so viele Daten wie möglich über diese Menschen zu gewinnen, Krankheiten und künftig wohl auch Charaktereigenschaften inklusive. Man füttere damit: eine Datenbank, um nach Straftaten die Spuren sofort zuordnen zu können. Man hat dann: einen Apparat, der sogar vorbeugend vermeintliche Risikopersonen markieren kann und der, so die Hoffnung der Kriminalisten, abschreckend wirkt. Bereits aus winzigen Spuren der für jeden Menschen einzigartigen Zellkern-DNA, zum Beispiel in einem ausgefallenen Haar, können Spezialisten einen »genetischen Fingerabdruck« erstellen. Die Tatortspur wird mit den Datensätzen in der Gen-Datei verglichen – heureka!

Bisher darf in Deutschland das Genmaterial nur eingeschränkt ausgewertet werden, es darf nur auf den nicht-codierenden Anteil der DNA zugegriffen werden, ausschließlich zur Feststellung des DNA-Identifizierungsmusters, um damit die Identität des Menschen festzustellen. Nach der Erstellung des Identifizierungsmusters muss das Material vernichtet werden. Aber: Die Möglichkeit besteht und der Reiz ist groß, auf der Suche nach schädlichen Prädispositionen eine Totalentschlüsselung vorzunehmen.

In den USA sind vom Staat mehr als vier Millionen DNA-Profile gespeichert, in Großbritannien mehr als drei Millionen. Die deutsche Gendatei, 1998 eingerichtet, holt auf: Mit Ablauf des dritten Quartals 2006 waren dort 526 271 Datensätze gespeichert, die sich aus 427 168 Personendatensätzen und 99 103 Spurendatensätzen addierten. Damit hat man schon schöne Erfolge bei der Aufklärung schwerer Straftaten erzielt. Den ganz großen Erfolg wird die Gendatei erzielen, wenn darin nicht nur ein paar hunderttausend Straftäter, sondern alle 82 Millionen potentiellen deutschen Straftäter registriert sein werden, also die ganze deutsche Bevölkerung – Angela Merkel, Udo Lindenberg, Bischof Huber und Kardinal Lehmann inklusive. Noch effektiver und erfolgversprechender wäre eine Gendatei, die die gesamte Bevölkerung der Europäischen Union erfasst – ein gigantischer Genvorratsspeicher.

Innenpolitiker der CDU/CSU haben schon mehrmals die Totalerfassung wenigstens aller Männer gefordert. Aus England hört man solche Forderungen schon lange. Denn dann, so ein Vorstoß des Londoner Polizeichefs aus dem Jahr 1992, könnten Sexualdelikte leichter aufgeklärt und Sexualtäter von vornherein abgeschreckt werden. Der Bund Deutscher Kriminalbeamter hat in seiner Verbandszeitschrift den Vorschlag gemacht, Gendaten schon in den Kreißsälen der Geburtskliniken zu erheben. Dann wäre eines Tages die Registrierung des genetischen Fingerabdrucks eines Neugeborenen so selbstverständlich wie heute die Eintragung im Geburtenregister.

Absurd, grotesk, rechtsstaatswidrig? Die Erfahrung der vergangenen zwei Jahrzehnte lehrt: Nirgendwo werden aus vermeintlichen Absurditäten so schnell Normalitäten wie auf dem Gebiet der Inneren Sicherheit: Heute werden die Telekommunikationsdaten jedes Telefon- und Internetnutzers für den staatlichen Zugriff gespeichert. Vor zehn Jahren hätte man gesagt: absurd, grotesk, rechtsstaatswidrig! Und wer hätte vor dreißig Jahren geglaubt, dass die Polizei eines Tages ganz legal in Wohnungen einbrechen und dort Abhörwanzen installieren darf? Exakt dies ist seit 1998 Gesetz. Der große Lauschangriff war vor dreißig Jahren so undenkbar, wie es heute noch der große Genangriff ist. Deshalb reicht es nicht aus, ein paar Orwellsche Szenarien dagegenzuhalten und zu glauben, damit sei die Diskussion über deutschland- und europaweite Gentests und eine umfassende Auswertung des Genmaterials beendet. »1984« ist vorbei und hat seine Abschreckungskraft verloren.

Präventive Logik ist expansiv: Wer vorbeugen will, weiß nie genug. Deshalb wird der Staat, im Namen der Sicherheit, immer mehr in Erfahrung bringen wollen – und immer weiter in die Intimsphäre eindringen, um am Tatort zu sein, bevor der Täter da ist; um einzugreifen, bevor aus dem Gedanken die Tat geworden ist, ja schon bevor der Gedanke daran manifest geworden ist; um also Gewalt gar nicht erst aufkommen zu lassen, um sie zu verhindern, statt sie zu bestrafen; um aus der fatalen Logik des nachträglichen Handelns und Strafens und Sühnens auszubrechen; um nicht mehr nachträglich, sondern vorbeugend büßen zu lassen – nicht mehr für die geschehene, sondern für die so verhinderte Tat.

Solche Prävention ist ein Menschheitstraum, es ist der Traum von der heilen Welt ohne Gewalt – Christen können sie als die Welt des Krippleins beschreiben, des Orts der heiligen Familie, in der alles wohlgeordnet ist: Da ist das Kind, da ist Maria als Hausfrau, Josef als Zimmermann, da sind Ochs und Esel, alle an ihrem Platz, der kärglich, ja arm sein kann. Aber das Unheil kommt in diese wohlgeordnete Welt nicht hinein, die Apokalypse bleibt draußen – und Engel wachen darüber, dass es so bleibt. Es gibt in der Kunstgeschichte nur ganz wenige Bilder, in denen der Schrecken auch in den Stall von Bethlehem reicht. Das eindrucksvollste Bild hat Botticelli gemalt. Er zeigt zwar alles, was zur klassischen Krippenszenerie gehört und gruppiert in seiner »mystischen Geburt« die Engel und die Menschen kunstvoll zu einem großen Bild des Friedens. Wer aber genauer hinschaut, entdeckt, dass diese Szenerie »dem dämonischen Schrecken abgerungen ist« (wie dies der Grazer Kunsthistoriker Johannes Rauchenberger formuliert hat). Auf dem Boden im Vordergrund finden sich kleine teuflische Wesen, winden sich die Ausgeburten des Bösen, manche schon erschlagen, aber durchaus nicht alle. Das Böse ist da, auch in der heilen Welt, das soll uns damit gesagt werden. Doch wer will davor nicht gefeit sein? In einer Welt, die unübersichtlich geworden ist, wächst das Bedürfnis nach der Geordnetheit des Krippleins. Das ist der Kern dessen, was seit einiger Zeit als die »Revitalisierung von Religion« beschrieben wird, das ist auch der Kern dessen, was hinter den Wertedebatten der christlichen Parteien steckt: Es ist das Verlangen nach Deutungsmustern, nach Praktiken, Ritualen, Verhaltensweisen und Maßnahmen, die bei der Bekämpfung des Bösen und Bedrohlichen, bei der Bewältigung von Krisen helfen können. Es ist dies auch der Kern der Sehnsucht nach wirksamer Prävention: das Unheil draußen lassen. Was also soll schlecht daran sein?

Das Wort »Prävention« hat einen guten, einen manchmal fast paradiesischen Klang, Prävention hat schier selbstlegitimierende Kraft. Das Strafrecht wird seit Mitte des 19. Jahrhunderts im Wesentlichen durch seine präventive Zielsetzung legitimiert: Es soll spezialpräventiv auf den einzelnen Straftäter einwirken und ihn von künftigen Straftaten abhalten, und es soll generalpräventiv die Allgemeinheit von Straftaten abhalten. Im Polizeirecht genießt Prävention weithin Sympathien, weil sich damit die Hoffnung auf eine sanfte und doch einigermaßen nachhaltige Intervention verbindet. Prävention, das meint hier oft erst einmal Polizeipräsenz auf den Straßen, in den U- und den S-Bahnen, Prävention meint auch kluge Sozialarbeit – weil, wie der große Strafrechtler Franz von Liszt (1851–1919) wusste, die beste Kriminalpolitik eine gute Sozialpolitik ist und bleibt: Ausbildung, Lehrstellenprogramme, Schulsozialarbeit, Familienhilfe, Schuldnerberatung. Der Begriff der »Kriminalprävention« reicht von der präventiven Lenkung des Streifendiensts bis hin zu eingriffsfreien Sozialisationsstrategien der Kriminalpolitik, der Familienpolitik, Sozialpolitik, Medien- und Schulpolitik: Es geht um Aktionen wie »sicherer Schulweg«, »keine Gewalt in der Schule«, »weg mit Drogen«. Prävention im Sinne von Verfolgungsvorsorge genießt allgemeine Zustimmung, wenn sie etwa die Kaufleute verpflichtet, ihre Unterlagen aufzubewahren, wenn es um das Hotelmeldewesen geht, um die Dokumentation aller Waffenverkäufe, um die Liste der von der Apotheke verkauften Drogen.

Das alles gehört zur Prävention und zu ihrer kriminalistisch-kriminologischen Zielsetzung. Kluge

Kriminalprävention müsste Straftaten und Prozessakten auswerten und aus den Daten die Einsichten gewinnen, die notwendig sind, um Kriminalität zu verhindern. Kriminalprävention dieser Art findet aber nur in dürftigen Formen und nur aufgrund von einzelwissenschaftlichen Untersuchungen statt. Es gibt keine systematische oder computergestützte Auswertung des riesigen Datenmaterials der anfallenden Kriminalität und damit auch kein Feedback zu der sich stets verändernden Kriminalität.

Landläufig ist »Prävention« das Fachwort für die schöne Redensart, dass das Kind gar nicht erst in den Brunnen fallen soll. Diesem Satz und dieser Forderung kann jeder zustimmen. Die Probleme beginnen jenseits dieser Banalität. Welche Mittel dürfen zu diesem Zweck, zur Prävention eingesetzt werden? Darf man etwa, um im Bild vom in den Brunnen gefallenen Kind zu bleiben, alle Brunnen versiegeln? Oder darf man alle Kinder zu Haus einsperren? Sie an die Leine legen? Darf man, zur Prävention gegen potentielle Taten vermeintlicher Straftäter, die noch gar keine sind, womöglich sogar noch härter zugreifen als gegen Straftäter – weil die Verhinderung von Straftätern einen höheren und härteren Einsatz rechtfertigt?

Das sind die Fragen, um die es geht, wenn man von der Verwandlung des Rechtsstaats in einen Präventionsstaat spricht. Damit werden natürlich nicht Anti-Drogen-Programme an den Schulen und Anti-Gewalt-Training für Jugendliche kritisiert. Es geht bei der Kritik am sich konstituierenden Präventionsstaat darum, dass staatliche Präventionsvorhaben, insbesondere die zur Terrorabwehr, Eingriffsrechte gegenüber dem Individuum in Anspruch nehmen. Haben also der Tatverdacht, der Voraussetzung für die Strafverfolgung war, und die konkrete Gefahr, die Voraussetzung für das Einschreiten der Polizei war, ausgedient? Müssen sie um der Prävention willen Platz machen für die Mutmaßung als Maxime des Einschreitens? Ist also dann auch ein Präventionskrieg gerechtfertigt? Wie viel Freiheit darf man der Sicherheit opfern? Wo beginnen die Abgründe der Prävention?

Die Präventionseuphorie beginnt mit einem gewaltigen Missverständnis: dass Prävention das mildere Mittel sei im Vergleich zur traditionellen reaktiven Repression.

Repressive Prävention ist das Thema des Films *Minority Report*. Er erzählt von einem System, das Verbrechen verhindert, indem es die Gedanken überwacht; es heißt »Precrime«. Precrime ist eine Organisation, die Gedanken und Leidenschaften kontrolliert, die jederzeit in die intimsten Räume der Menschen eindringen kann. Sie gebietet über eine Armee von Roboterspinnen, die auf Wohnblöcke losgelassen werden und mit ihrer Scanneroptik potentiell Verdächtigen in die Augen sehen und so ihre Identität kontrollieren können. In Scharen schweben die Agenten aus dem Himmel auf einen Gedankentäter herab und kreisen ihn ein – selbst wenn ihm seine bösen Gedanken noch gar nicht bewusst sind. Politik, gar eine Volksvertretung, gibt es in diesem Film nicht mehr, es existiert nur eine anonyme »Macht«, und die stärkste Waffe dieser Präventivdiktatur ist ihr Wissen. Aufgrund dieses Wissens werden echte oder vermeintliche »Gefahrpersonen« dann ins ewige Koma befördert.

Ist es aber nicht so, dass ein potentieller Täter bis zum Augenblick der Tat noch die Wahl hat, sie nicht auszuführen? Ist es nicht auch so, dass Menschen mit ganz vielen bösen Gedanken nur spielen, dass dieses Spiel eine Methode sein kann, mit Leid und mit Leidenschaften innerlich fertig zu werden? Sind Gewaltphantasien oft nicht eine Art Selbsttherapie? Schon im Alten Testament kann man das lesen, es ist voll von fürchterlichen Racheliedern, in denen sich das Volk Israel, das weinend an den Flüssen Babels sitzt, ausmalt, wie mörderisch sein Gott sich an den Kindern und Kindeskindern der Unterdrücker rächt. An ungefähr tausend Stellen des Alten Testaments ist deshalb davon die Rede, dass der Zorn Jahwes entbrennt, dass er wie ein fressendes Feuer Gericht hält und mit Vernichtung droht. Und wenn man

Psalmen liest, dann schaudert es einen. »Der Gerechte wird seine Füße baden in der Gottlosen Blut«, heißt es da, und: »Wohl dem, der dir vergilt, was du uns getan! Wohl dem, der deine Kindlein packt und am Felsen zerschmettert!« Wenn man heute solche Texte einem unbefangenen Amerikaner vorlegt, so würde dieser darauf tippen, einen Text von Bin Laden vor sich zu haben. Die alten Rachepsalmen, die Rachephantasien sind ein Aufschrei der Unterdrückten: Ein Gott, auf dem man Rachegefühle abladen darf, ist menschlicher als der, der Feindesliebe verlangt.

Die Gedankenpolizisten in *Minority Report* hätten mit einem Gott, der sich in Rachegedanken suhlt, das gemacht, was sie mit allen machen, von denen Gefahr ausgeht: ihn verhaftet, weggesperrt und eingefroren auf immer und ewig. In der aktuellen rechtspolitischen Diskussion heißt das »Präventiv-« oder »Vorbeugehaft«. Diese Debatte läuft darauf hinaus, dass Gefahrpersonen, die noch keine Straftaten begangen haben, von denen der Staat aber glaubt, dass sie welche begehen könnten, vorbeugend eingesperrt werden. Die Einrichtung, die solche einschlägigen Vorhersagen macht, ist freilich noch nicht erfunden – aber die rechtlichen Gedanken, auf die sich die große Präventivhaft stützen könnte, sind schon in der Welt. Sie mischen sich zusammen aus den schon heute existierenden Möglichkeiten.

Bisher gibt es für das Einsperren zum vorbeugenden Schutz folgende drei Möglichkeiten:

- *Erstens: die Unterbringung in psychiatrischen
  Anstalten* zum Schutz von Menschen vor Gewalt gegen sich selbst und gegen andere. Hier
  sehen die Freiheitsentziehungsgesetze der Länder unter strengen Voraussetzungen vor, dass
  psychisch kranke Menschen so lange in der
  Psychiatrie eingeschlossen werden, bis von ihnen keine Gefahr mehr ausgeht.

- *Zweitens: die Sicherungsverwahrung.* Ist aufgrund schon begangener Straftaten und aufgrund des Verhaltens des Täters in der Haft zu
  befürchten, er werde weiter gefährliche Straftaten begehen, bleibt er nach Verbüßung seiner
  Strafe weiterhin in Haft. Der Gesetzgeber hat die
  Anwendungsmöglichkeiten dieser Sicherungsverwahrung in jüngerer Zeit ständig erweitert;
  auch Ersttäter können mittlerweile nach Verbüßung der Strafhaft in Sicherungsverwahrung genommen werden. Es wird dann nur das Schild
  umgedreht, das auf der Zelle steht, es steht nicht
  mehr »Strafe«, sondern »Sicherung« darauf.
  Mittlerweile kann diese Sicherungsverwahrung
  auch gegen schwerkriminelle Jugendliche und
  Heranwachsende verhängt werden.
  Der zentrale Satz des Strafrechts »in dubio pro

reo / im Zweifel für den Angeklagten« wird mit der Sicherungsverwahrung umgedreht (zumal dann, wenn sie nicht schon im Strafurteil, sondern erst später, aufgrund des Verhaltens in der Haft, verhängt wird). Sicherungsverwahrung bedeutet: in dubio contra. Sie ordnet an, einen Gefängnisinsassen, der seine Strafe abgesessen hat, im Zweifel in Haft zu lassen, weit über das Ende der Haftzeit hinaus. Sicherungsverwahrung heißt also: Es wird weggesperrt nicht zum Zweck der Bestrafung, sondern zur Vorbeugung. Der Täter bleibt hinter Gittern, solange er als öffentliches Risiko gilt. Er bleibt, wenn er seine Strafe abgesessen hat, eben nicht in Haft wegen der Schuld, die er auf sich geladen hat, sondern wegen seiner allgemeinen Gefährlichkeit.

Wenn Juristen bei der Sicherungsverwahrung von einer rechtsstaatlichen Unruhe befallen werden, dann liegt das auch daran, dass neben dem »In dubio pro reo« noch ein zweiter Kernsatz außer Acht gelassen wird, nämlich der Satz »nulla poena sine culpa / keine Strafe ohne Schuld«. Doch die Juristen beschwichtigen sich damit, dass sie nicht von einer Strafe, sondern von einer »Maßregel der Sicherung und Besserung« sprechen – die aber endet im Zweifel erst mit dem Tod.

Diese Haft nach der Haft ist eine legislative Erfindung aus dem Jahr 1933. Sie wurde im »Gewohnheitsverbrechergesetz« vom 24. November 1933 eingeführt und sofort ausgiebigst angewendet – bis 1945 wurden etwa sechzehntausend Menschen zu Sicherungsverwahrung verurteilt, bis zu zweitausend im Jahr. Der Sicherungsverwahrungsparagraph galt bis 1969 unverändert in folgender sehr weiter Fassung: »Wird jemand als gefährlicher Gewohnheitsverbrecher verurteilt, so ordnet das Gericht neben der Strafe die Sicherungsverwahrung an, wenn die öffentliche Sicherheit es erfordert.«

Diese vage Formulierung hat zu einem furchtbaren Missbrauch beigetragen: Bis weit in die sechziger Jahre hinein wurden als »Gewohnheitsverbrecher« weniger Sexualverbrecher oder Brandstifter, sondern vor allem kleine Seriendiebe und Betrüger auf Dauer verwahrt. Die Sicherungsverwahrung, die die Gesellschaft, so der Gesetzeszweck »vor chronisch kriminellen Hangtätern schützen« sollte, »denen mit anderen strafrechtlichen Mitteln« nicht beizukommen ist, betraf also eher die lästigen, nicht aber die wirklich gefährlichen Kriminellen.

Nach einer Untersuchung des Jahres 1963 hatten die Sicherungsverwahrten überwiegend keine schwere Tat begangen, nur bei 1,8 Prozent waren es Verbrechen gegen Leib und Leben. Die Gesamtbeute bei den Dieben, die als »Gewohnheitsverbrecher« in Sicherungsverwahrung saßen, lag im Durchschnitt bei unter tausend Mark. So wurde mit der schärfsten Sanktion des deutschen Rechts Schindluder getrieben, so kam die Sicherungsverwahrung in Misskredit, sie stand kurz vor der völligen Abschaffung, bevor sie Mitte der neunziger Jahre in der deutschen Gesetzgebung wieder populär wurde – seitdem steigen die Verurteilungen zu Sicherungsverwahrung wieder kontinuierlich: Als letzte Notmaßnahme der Kriminalpolitik, zunächst bei aufsehenerregenden Sexualdelikten, kam sie wieder in Wertschätzung. Sicherungsverwahrung ist der Quasiersatz für die Todesstrafe: Wegschließen für immer ist die Todesstrafe auf Deutsch. 2006 saßen in Deutschland, laut *Statistischem Jahrbuch,* dreihundertfünfundsiebzig Menschen in Sicherungsverwahrung.

Verschiedentlich wurden Gesetzesvorstöße unternommen, eine nachträgliche Sicherungsverwahrung auch noch dann anzuordnen, wenn ein Straftäter bereits entlassen ist, sich aber innerhalb einer fünfjährigen Führungsaufsicht nicht zuträglich aufführt. Solche Überlegungen führen freilich schnurstracks zur Frage, warum man eigentlich noch warten soll, bis einer eine Straftat begeht? Man könnte ihn ja schon einsperren, wenn die Gutachter glauben, dass er gefährlich ist. Und damit wäre aus der Fiktion des Films *Minority Report* Realität geworden.

- *Die derzeit dritte Möglichkeit zum vorbeugenden Einsperren ist der polizeiliche Unterbindungsgewahrsam.* Der Standardfall sieht so aus: Ein Betrunkener hat Kneipe oder Wohnung kurz und klein geschlagen, die Polizei wird gerufen und nimmt den Mann mit aufs Revier – »weil das unerlässlich ist, um die unmittelbar bevorstehende Begehung oder Fortsetzung einer Straftat [...] zu verhindern«. So steht es im Bayerischen Polizeiaufgabengesetz und in den Polizeigesetzen der anderen Bundesländer. Bis zum nächsten Morgen liegt der Mann dann in der Ausnüchterungszelle. Die Störung der öffentlichen Ordnung ist unterbunden, der öffentliche Friede gesichert. So kommt diese Polizeihaft zu ihrem Namen: »Unterbindungsgewahrsam«, auch »Sicherheitsgewahrsam« genannt.

Je nach Bundesland kann dieser Gewahrsam, mit richterlicher Genehmigung, bis zu vierzehn Tagen dauern. Zwei Wochen Polizeihaft gegen einen Betrunkenen machen allerdings wenig Sinn; die Gefahr verschwindet ja mit der schnellen Ernüchterung. Und wegen der Gefahr einer nächsten Trunkenheit ist noch kein Zecher vierzehn Tage lang festgehalten worden. Die Verlängerung der ursprünglich viel kürzeren Polizeihaft wurde im Hinblick auf Demonstrationen eingeführt. In Bayern war die Verlängerung auf vierzehn Tage eine Lex Wackersdorf; damit wurden Konsequenzen gezogen aus den »Aktions- und Widerstandstagen« vom Herbst 1987 in der Nähe der damals geplanten, dann nie zur Ausführung gelangten Wiederaufbereitungsanlage Wackersdorf. Der auf vierzehn Tage verlängerte Unterbindungsgewahrsam sollte verhindern, dass der in Gewahrsam genommene »Störer« sich nach seiner Entlassung aus der Haft an den noch weiterlaufenden Aktionen beteiligte. Von dieser Möglichkeit des Wegsperrens aus Sicherheitsgründen wurde in jüngerer Zeit auch gegen Demonstranten und Hooligans Gebrauch gemacht, von denen man annahm, sie könnten gewalttätig werden. Die Polizei kann also seitdem bis zu zwei Wochen zupacken, wenn zwar die Voraussetzungen für einen Haftbefehl fehlen, aber eine »Gefahrenlage« existiert; dann rückt diese Polizeihaft, ohne dass die Voraussetzungen dafür vorliegen, in die Nähe der Untersuchungshaft. Aus Verfolgungsvorsorge wird dann verkappte Verfolgung, aus Prävention Repression – die Prävention ist dann ein Strafrecht mit geringeren Anforderungen. Der Richter hat dabei Missbrauch zu verhindern, nur er kann nämlich die verlängerte Polizeihaft anordnen. Nicht immer ist er in letzter Zeit dieser Aufgabe gerecht geworden.

Die Präventiv- oder Sicherheitshaft, die potentielle Gewalttäter, sogenannte Gefährder, auf unbestimmte Zeit kaltstellen will, schöpft aus allen drei derzeit schon existierenden Formen der Schutzhaft: Man betrachtet den Terrorismus als psychische Krankheit; das erlaubt das Wegsperren zum Schutz des Terroristen vor sich selbst und zum Schutz der Gemeinschaft. Man betrachtet die Gefahr, die von einem potentiellen Terroristen ausgeht, als Straftat – und ist beim Modell der Sicherungsverwahrung. Man unterbindet eine zwar noch nicht konkrete, aber doch irgendwie sich abstrakt abzeichnende Gefahr – und ist beim polizeilichen Unterbindungsgewahrsam, macht aber aus den dort maximal vorgesehenen vierzehn Tagen Haft eine unbegrenzte »Infinitesimalhaft«.

Jetzt müsste man nur noch in die Köpfe der potentiellen Terroristen hineinschauen können. Der Film kann das: Wie sehr das Überwachungssystem in *Minority Report* wahnwitzige Züge trägt, zeigt sich darin, dass es von den Halluzinationen traumatisierter Wesen abhängt – von Kindern Drogensüchtiger, die genetisch behandelt worden sind. Sie sind eingelegt in einer schwimmbadgroßen Nährlösung, dämmern, per Schlauch miteinander verbunden, vor sich hin und sind an einen Rechner angeschlossen, der ihre Gedanken aufzeichnet. Man nennt sie »Precogs« (von »precognition«/ Vorauswissen), weil ihnen ihre hellseherischen

Gaben erlauben, alle vorsätzlichen Gewalttaten vorherzusagen. Früher, im alten Griechenland, nannte man das Orakel. Sehen die Precogs einen künftigen Täter, wird sein Name in eine Kugel graviert und den Ermittlern vor die Füße gerollt. Das Kassandra-Trio kennt den Film der Zeit, spult ihn vor und schaut der Leidenschaft auf den Grund. Es sieht, wie der betrogene Ehemann das Haus verlässt und der Liebhaber in die Wohnung schleicht. Noch ehe der Eifersuchtsmord geschieht, greift die Truppe von Precrime zu.

Thomas Assheuer fügt in seiner Filmkritik in der *Zeit* an: »Washington D.C.«, wo das Szenario spielt, »ist die sicherste aller Welten und die trostloseste dazu.« Es kommt dann, wie es kommen muss: Die Präventionsparanoia ist so total, dass sie sich selbst verdächtig wird. Der nächste Mörder, den der Chef von Precrime ausschalten muss, ist ihm gut bekannt: Er ist es selbst. Er muss eine Schuld aus der Welt schaffen, die noch gar nicht existiert. Die Präventivdiktatur aber arbeitet weiter, obwohl die Verbrechensvorhersagen seiner Hellseher nicht immer einstimmig ausfallen, was im »Minoritätsbericht« (»minority report«) geheimgehalten wird. Die Geschichte spielt im Jahr 2054 – so fern, so nah.

Oscar Wilde hat die Verbrechensvorhersage rabiat und sarkastisch erledigt, in einem Stück aus dem Jahr 1887, das *Lord Arthur Saviles Verbre-*

chen heißt: Nachdem Lord Arthur Savile mehrmals erfolglos versucht hat, den Mord zu begehen,
den ihm der Chiromant Mr. Podgers aus der Hand
gelesen hat, ergreift er schließlich die Gelegenheit
beim Schopf und beseitigt die Ursache allen Übels:
Mr. Podgers.

4. Kapitel

Mein Feind,
der Terrorist

Wenn Schäuble nicht Schäuble, sondern Cicero wäre, und Sarkozy nicht Sarkozy, sondern Cato, wenn der deutsche Innenminister und der französische Präsident also nicht Politiker der Europäischen Union wären, sondern solche der römischen Republik, dann sähe die Terrorbekämpfung so aus: Es würde ein »senatus consultum ultimum« gefasst, ein Senatsbeschluss zur Verteidigung des Staates, darin würde der innere Gegner benannt und dieser Gegner samt allen, die ihm helfen, zu Staatsfeinden erklärt; sodann würde das »decretum tumultus« in Kraft gesetzt, eine Art Notstandsgesetz. Diese »Feinderklärung« des römischen Staatsrechts war kein Urteil im üblichen Sinn, ihm ging keine Gerichtsverhandlung voraus, sie beendete aber die bürgerliche Existenz der Betroffenen; sie wurden vom Bürger zum Feind, sie hatten keine Rechte mehr. Der innere Feind wurde als Barbar behandelt, also barbarisch.

So verfuhr Rom etwa mit dem Verschwörer Catilina und seinen Anhängern; Cicero hatte zuvor die außergewöhnlichen Gefahren für den Staat beschworen, die außergewöhnliche Mittel gegen die Catilinarier erforderlich machten. Wie aktuell das klingt! Und Cato, der von einem Verbrechen sprach, das zwar noch nicht begangen sei, das aber gegebenenfalls furchtbare Folgen hätte, hatte »zum Schutz des Staates« dafür plädiert, die Verschwörer zu behandeln wie Schwerverbrecher, die bei Begehung der Tat gestellt werden – sie also ohne Verfahren zu richten. So geschah es.

Natürlich will niemand in der westlichen Welt, auch der härteste Hardliner nicht, echte, angebliche oder zukünftige Terroristen erdrosseln, so wie das im römischen Carcer, dem Staatsgefängnis, mit den Catilinariern geschah (Bundesinnenminister Wolfgang Schäuble hat freilich einmal etwas unklar über extralegale Erschießungen geredet). Außerdem kennt man heute die »Gefahrpersonen« gar nicht so genau, also könnte man sie gar nicht erdrosseln. Aber ein Gedanke, der hinter der »Feinderklärung« steckt, hat Politiker der Inneren Sicherheit angesteckt: Kann man, soll man mit fundamentalistisch-fanatischen Gefahrpersonen so verfahren, wie man mit normalen Straftätern verfährt?

Muss man, der außerordentlichen Gefahren wegen, nicht die geltenden Prinzipien des Rechtsstaats auf Eis legen oder gar umkehren – nicht im Zweifel für, sondern gegen den Angeklagten also? Muss man diese Personen wirklich ausstatten mit all den Rechten, die der Rechtsstaat bereithält? Sind, so wird gefragt, islamistische Fundamentalisten eigentlich resozialisierbar? Und wenn man ihnen Verbrechen nachweist, wenn man sie dann verurteilt, wenn man sie einsperrt – was bringt das? Was soll hier also der Satz, mit dem das deutsche Strafvollzugsgesetz beginnt: »Im Vollzug der Freiheitsstrafe soll der Gefangene fähig werden, künftig in sozialer Verantwortung ein Leben ohne Straftaten zu führen«?

Greifen bei diesen Gewalttätern die Strafzwecke, wie sie in der Rechtswissenschaft seit hundertfünfzig Jahren die Strafe legitimieren? Die Strafe soll, so die Lehre von der Spezialprävention, auf den Täter einwirken, ihn also zu einem Leben ohne Straftaten ermahnen. Ob sich ein gewalttätiger Fundamentalist von einer auf ihn einwirkenden Gefängnisstrafe beeindrucken lässt? Die Strafe soll, so die Lehre von der Generalprävention, von Straftaten abschrecken. Lässt sich ein zum Selbstmord entschlossener Täter von Strafen abschrecken? Wenn aber solche Täter durch Strafen überhaupt nicht zu beeindrucken sind, ist dann nicht der ganze Aufwand mit einer Inszenierung der Normbekräftigung durch ein Strafverfahren von vornherein überflüssig und also verzichtbar?

Dass es Menschen gibt, die durch und durch rechtsfeindlich zu sein scheinen, ist nichts Neues. Das Recht hat damit jahrzehntelang ohne größere Irritationen umgehen können. Im Übrigen ist es praktisch unmöglich, eine negative Prognose sicher zu treffen, auch wenn der Normbrecher noch so rechtsfeindlich agiert und daherredet. Wer gleichwohl bei Terroristen an den Strafzwecken zweifelt, der muss bei ihrer Bestrafung auf die absoluten Straftheorien zurückgreifen, die nach keinen Zwecken suchen, sondern ihre Legitimation allein aus der Straftat beziehen: Strafe stellt danach die durch die Straftat verletzte Rechtsordnung wieder her (sagt Kant), sie ist die Negation der Negationen (sagt Hegel).

Wie soll das Recht umgehen mit fanatischen Fundamentalisten? Sie haben den Drang, den öffentlichen Raum nach ihren Glaubensüberzeugungen einzurichten. Sie erkennen eine Grenze zwischen Religion, Staat und Politik nicht an. Sie halten sich für die Ingenieure eines göttlichen Bauplans und tun so, als habe ihnen Gott die Blaupause für sein Königreich auf Erden in die Hand gedrückt. Daraus leiten sie erstens das Recht ab, jeden zu beseitigen, der ihnen bei der Umsetzung des angeblich göttlichen Plans im Weg steht. Und zweitens leiten sie daraus die Gewissheit ab, dass das Paradies auf sie wartet, wenn sie sich dabei opfern. Sie sind Fanatiker; »fanum« ist das Heiligtum. Der Fanatiker geht für das, was er für heilig hält, über Leichen, auch über seine eigene.

Johann Gottlieb Fichte (1762–1814), der Philosoph, hat die wahnsinnige Kraft, die darin steckt, so beschrieben: »Wer sterben kann, wer kann den zwingen?« Da hilft wohl kein Strafrecht. Da helfen keine Streubomben. Da hilft wohl nur eines: die Bedingungen und die Verhältnisse zu verändern, in denen der islamistische Fundamentalismus wächst, der aggressivste Fundamentalismus der Gegenwart. Dazu gehört auch die Entzauberung des angeblich heiligen Kampfs und die Aufdeckung seiner Widersprüche.

Aber selbst, wenn das wirklich versucht würde – es dauert. Was tun bis dahin?

Müssen, so wird daher gefragt, da nicht endlich ganz andere Saiten aufgezogen werden? Muss es da nicht andere Mittel und Methoden geben als die des klassischen Strafrechts? Muss das Recht nicht vielleicht die Ärmel aufkrempeln und zu Mitteln und Methoden greifen, die ansonsten zu Recht verpönt sind? Vorbeugende Sicherungsverwahrung vielleicht, präventives Einsperren auf unbeschränkte Zeit zur Abschreckung und zum Schutz von Volk und Staat? Vielleicht auch ein wenig Folter? Kurzum – müssen nicht die Regeln des Rechtsstaats in diesem furchtbaren Kontext storniert werden? Im Mittelalter gab es das auch: Über innere Feinde wurde Acht und Bann verhängt. Im Frankreich der Revolution wurde eine rote Fahne aus dem Fenster gehängt – dann waren die Grundrechte suspendiert. Ist das ein Vorbild für Terrorbekämpfung heutzutage?

Im deutschen Strafrecht stecken schon allerlei rote Fähnchen, in den Strafgesetzen der anderen europäischen Länder auch. Der deutsche Staat hat in den vergangenen Jahrzehnten, beginnend mit der Verfolgung der RAF, schon etliche Rechte in rechtlicher geordneter Weise aufgehoben. Das Modell dafür stammt aus der Weimarer Zeit, damals nannte man das Notverordnungen. Beim Sonderstrafrecht, das man in Deutschland in den Zeiten des RAF-Terrorismus zu schreiben begann, handelt es sich jeweils um kleine Notverordnungen. Der Not in den Zeiten des Terrors versuchte man durch immer weiter vorverlegte Strafbarkeiten zu begegnen: Schon die Bildung und Unterstützung von Vereinigungen, die sich die Begehung von Straftaten zum Ziel gesetzt haben, ist eine Straftat – auch wenn von diesen Vereinigungen noch gar keine Straftat begangen oder auch nur zu begehen versucht wurde. Anders als im üblichen Strafrecht liegt die Grenze der Strafbarkeit beim Terrorismus also weit vor dem Versuchsbeginn. Dieser Vorverlagerung entspricht aber keineswegs eine Reduzierung der Strafe.

Als 1956 die Kommunistische Partei Deutschlands vom Bundesverfassungsgericht verboten wurde und im Anschluss daran Zehntausende von Strafverfahren gegen echte und angebliche Kommunisten geführt wurden, erfasste dies rückwirkend auch KPD-Mandatsträger, die bis dahin in den Stadt- und Kreisräten und bis zuletzt auch noch in einigen Landesparlamenten gesessen hatten. Die Anklagen gegen Mandatsträger und Funktionäre waren ein Verstoß gegen ein rechtsstaatliches Grundprinzip – gegen das Verbot nämlich, eine neue Verbotsvorschrift rückwirkend anzuwenden. Schon in den frühen fünfziger Jahren wies der Stuttgarter Generalstaatsanwalt Richard Schmid warnend darauf hin, worin das »Wesen einer Diktatur« bestehe: Es verlege die Abwehr feindlicher Tendenzen weit nach vorne, nämlich »in Rechtssphären, die in einem freien Staat durch Individualrechte gesichert« seien. Und »gerade diejenige Staatsform« sei »die vollkommenste Diktatur, die diese Vorverlegungen am vollkommensten« zustande bringe. In den demokratischen Staaten des Westens herrscht demzufolge seit den Anschlägen vom 11. September 2001 ein Wettstreit um diese »vollkommenste Diktatur«.

Bei dieser Ausdehnung der Strafe weit ins Vorfeld einer konkreten Schädigung geht es nicht nur darum, potentielle Gefährder zu bestrafen. Es geht auch darum, gegen sie mit den schweren Geschützen der Strafprozessordnung vorgehen zu können; es geht um eine flächendeckende kriminalistische Prävention mit der Legitimation des Strafrechts. Daher löst etwa der weitgefasste Tatbestand der Gründung oder Unterstützung einer terroristischen Vereinigung ein ganzes Feuerwerk von Folgeregelungen aus: strafbewehrte Anzeigepflichten für den, der von einer Unterstützungshandlung weiß; Rasterfahndung; Telefonüberwachung; Abhören und Aufzeichnen des nichtöffentlich gesprochenen Worts bis hin zum Großen Lauschangriff; Beschränkung des Brief- und Postgeheimnisses; Gebäudeüberwachung; verdeckte Ermittlungen; Ausschluss und Überwachung des Verkehrs mit dem Verteidiger; Schleppnetzfahndung.

Die immer zahlreicher gewordenen Gefährdungsdelikte bestrafen nicht erst für die Verletzung eines Rechtsguts, nicht erst für den eingetretenen Schaden; sie bestrafen schon für den möglichen Schaden, der aber noch nicht eingetreten ist. Sie versuchen, Risiken durch Kriminalisierung einzuschränken. Es geht um die präventive Steuerung gesellschaftlicher Fehlentwicklungen durch Strafrecht, ausgreifend in das Vorfeld einer Tat und einer konkreten Schädigung. Alle paar Jahre rückt hierbei ein neuer Risikobereich durch Kriminalisierung ins Rechtsbewusstsein: Wirtschaftskriminalität, Terrorismus, Drogen, Umwelt, Organisierte Kriminalität, Korruption. Kaum ein anderer Berufsstand, so kommentiert das der Berliner Strafrechtsprofessor Detlef Krauß sarkastisch, habe in diesen Jahren Berufsfortbildung so nötig wie die Strafrechtler.

Das Präventionsregime hat das Recht verwandelt: Immer mehr »abstrakte Gefährdungsdelikte« stehen im Strafgesetzbuch, die – in präventiver Absicht – ein Verhalten bestrafen, das kein Rechtsgut beschädigt, von dem aber vermutet wird, dass von ihm die Gefahr einer Schädigung ausgehen könnte; eine Tat ist also, schon bevor sie konkret wird, »abstrakt gefährlich«, folglich zu bestrafen. Dementsprechend orientieren sich auch viele Ermittlungsmaßnahmen nicht mehr an einer Person, der man Vorwürfe macht, sondern an einer Gefahr, die man abwenden will – und greifen zu diesem Zweck vorsichtshalber auch auf ganz unverdächtigte Menschen zu. Das zeigt sich etwa an den Kontrollstellen im Straßenverkehr, das zeigt sich bei der Rasterfahndung, der Vorratsdatenspeicherung oder der Telefonüberwachung. Und an den Ermittlungsmaßnahmen sind nicht nur Staatsanwaltschaft und Polizei, sondern auch die Geheimdienste beteiligt.

Die politische Strafrechtsrhetorik ist schon seit langem eine Rhetorik der Militanz geworden, und die Bezeichnungen, die den Gesetzen gegeben werden, sagen es recht deutlich: Man redet nicht mehr von zu bestrafenden Bürgern, sondern von zu bekämpfenden und auszuschließenden Feinden. Die Gesetze heißen seit geraumer Zeit Bekämpfungsgesetze – »Verbrechensbekämpfungsgesetz« oder »Terrorismusbekämpfungsgesetz« oder »Terrorismusbekämpfungsergänzungsgesetz«. Und mit fast jedem dieser Gesetze werden prozessuale Rechte abgebaut, die Voraussetzungen für Untersuchungshaft gesenkt, die Rechte der Verteidigung reduziert, der Zugang zum Verteidiger erschwert, die Telefonüberwachung und Beschlagnahme erleichtert.

Es handelt sich um eine Kaskade von Vorfeldgesetzen: Dem Anti-Terrorgesetz von 1976 folgten das Gesetz zur Bekämpfung des Terrorismus von 1986, das Gesetz zur Bekämpfung des illegalen Rauschgifthandels und anderer Erscheinungsformen der Organisierten Kriminalität von 1992, im Schlepptau 1993 das Geldwäschegesetz, ein allgemein gefasstes Verbrechensbekämpfungsgesetz von 1994, das sich in erster Linie ebenfalls gegen die Organisierte Kriminalität richtet, ein Gesetz zur Bekämpfung der Korruption von 1997, noch ein weiteres Gesetz zur Verbesserung der Bekämpfung der Organisierten Kriminalität von 1998, ein Gesetz zur Bekämpfung von Sexualdelikten und anderen gefährlichen Straftaten von 1998, die Terrorismusbekämpfungsgesetze von 2002 und 2003 und das Terrorismusbekämpfungsergänzungsgesetz von 2006 – mit umfangreichen Änderungen und Erweiterungen des Strafrechts und des Strafprozessrechts, des Passgesetzes, mit krassen Verschärfungen des Ausländerrechts und vor allem mit immer weitergehenden Eingriffsbefugnissen für die Geheimdienste, ergänzt durch Neufassungen der Polizei- und Verfassungsschutzgesetze des Bundes und der Länder, durch das Telekommunikationsgesetz von 1996, das Zuwanderungsgesetz von 2004, das Luftsicherheitsgesetz von 2006 und durch das Gesetz über heimliche Ermittlungen und die sogenannte Vorratsdatenspeicherung, in Kraft seit 1. Januar 2008.

Der Strafgesetzgeber ist in weiten Bereichen der Wirtschaftskriminalität, der Terrorbekämpfung, der Organisierten Kriminalität und der Sexualstraftaten von einer Bestrafungs- zu einer Bekämpfungsgesetzgebung übergegangen. Er blickt nicht mehr auf die schon geschehene, sondern auf die kommende Tat – und erlaubt auf die einschlägigen Stichwörter hin (»Organisierte Kriminalität«, »Terrorismus«, »Korruption«) schwerwiegende Eingriffs- und Zugriffsmaßnahmen. Die Zielwörter sperren die ansonsten verschlossenen Türen des Rechtsstaats auf wie Generalschlüssel. Peter-Alexis Albrecht, Frankfurter Strafrechtsordinarius, konstatiert, wie dies viele seiner Zunft so oder so ähnlich tun, »eine besorgniserregende rechtsstaatliche Zerstörungswucht des Gesetzgebers«, die unter der innenpolitischen Floskel »Freiheit setzt Sicherheit voraus« verborgen bleibe.

Das Bekämpfungsrecht ist in das klassische Strafrecht eingefallen wie eine Heuschreckenplage. Der Bonner Strafrechtsprofessor Günther Jakobs hat schon 1985 von einer gefährlichen Durchmischung allen Strafrechts mit »feindstrafrechtlichen« Regelungen gesprochen. Er geht bei seiner Analyse vor wie das Aschenputtel beim Lesen der Erbsen aus der Asche: die guten ins Töpfchen, die schlechten ins Kröpfchen. Das Töpfchen ist für Jakobs das klassische Strafrecht. Das Kröpfchen ist das Feindstrafrecht. Aber Jakobs beließ es nicht bei der Beschreibung, nicht bei der Einteilung der Normen in »Bürgerstrafrecht« und »Feindstrafrecht«, um damit etwa eine schädliche Entwicklung anzuprangern. Zunächst reklamierte er, das Bürgerstrafrecht zu retten, indem er das polizeirechtlich geprägte Sicherheitsrecht davon als Feindstrafrecht abspaltete. Er verwandelte seine Lehre aber im Lauf der Jahre von der Deskription zur Präskription: Jakobs beschreibt nicht mehr nur eine erst schleichende, dann galoppierende legislative Fehlentwicklung, sondern er postuliert deren Systematisierung und Radikalisierung. Er fordert ein Feindstrafrecht, nicht nur um das Bürgerstrafrecht sauber und rein zu halten, sondern weil er glaubt, dass man es dringlichst brauche, um Menschen, die er »Unpersonen« nennt, zu be-

146

kämpfen. Er fordert den Krieg gegen die inneren Feinde. Als Kriegsgrund nennt er das Recht auf Sicherheit. Und als Kriegsziel: die Unschädlichmachung der inneren Feinde. Sein Feindstrafrecht zeigt sich als »legale Form dessen, was keine legale Form annehmen kann« (Giorgio Agamben) – es wird zu einer juristischen Hohlform für den Ausnahmezustand.

Ein Zeitungsaufmacher des Jahres 2011. Schlagzeile: »Krieg gegen innere Feinde beginnt«. Untertitel: »Feindstrafrecht in Kraft gesetzt. Terrroristen nun vom Recht ausgeschlossen«. Der Text: »Der Bundestag hat nach heftigen Diskussionen das neue Feindstrafgesetzbuch beschlossen, das künftig vor allem im Kampf gegen den islamistischen Terrorismus Anwendung finden soll. Rechtsgarantien, die für normale Straftäter gelten, sind hier außer Kraft gesetzt. Der Grundsatz ›in dubio pro reo‹ gilt nicht mehr. Die Unschuldsvermutung ist für Terroristen außer Kraft gesetzt. Inhaftierung erfolgt aufgrund eines Gefahrverdachts. Das neue Recht wartet also nicht, bis die Beschuldigten Straftaten begangen oder dies versucht haben; es greift schon dann zu, wenn sie nach Einschätzung der Sicherheitsbehörden als gefährlich gelten. Das Gericht, der Feindstrafgerichtshof, kann dann Sicherungshaft von unbeschränkter Dauer verhängen, deren Notwendigkeit allerdings regelmäßig überprüft werden muss.«

Der Bericht des Jahres 2011 fährt fort: »Die Bundesregierung sprach von Staatsnotwehr gegen al-Kaida und ähnliche Gruppen. Man könne den Gefahren des Terrors nicht mit dem normalen Strafrecht begegnen, weil man die absoluten Feinde des Staates nicht mit den Rechten ausstatten dürfe, die der Rechtsstaat für seine Bürger bereithalte. Der Bundesinnenminister begrüßte die Aufteilung des Strafrechts in ein Bürgerstrafrecht und in ein Feindstrafrecht: ›Wer als Person behandelt werden will, muss seinerseits eine gewisse Garantie dafür geben, dass er sich als Person verhalten wird. Bleibt diese Garantie aus oder wird sie sogar ausdrücklich verweigert, wandelt sich das Strafrecht zu einer Reaktion gegen den Feind.‹ Auch die Opposition begrüßte das neue Gesetz: Wer sich erkennbar, dauerhaft und brutal vom Recht abgewandt habe, der könne nicht als Bürger mit einer unantastbaren Rechtssphäre betrachtet, sondern der müsse als Feind identifiziert werden. Der Vorsitzende des Innenausschusses im Bundestag erklärte: Im Krieg gebe es auch kein Rechtsmittel gegen eine Bombardierung. Mit diesem Argument verteidigte er die Regelung, wonach es gegen die richterliche Entscheidung, das Feindstrafrecht anzuwenden, kein Rechtsmittel gibt. Eine einzige richterliche Entscheidung sei des Guten genug, meinte auch der Vorsitzende des Rechtsausschusses im Bundestag dazu. Der Rechtsstaat müsse schließlich kein Rechtsmittelstaat sein.

Die Bürgerinitiative ›Pro Grundgesetz‹ ließ aus Protest deutschlandweit Plakate mit dem Wortlaut des Artikels 19 Absatz 4 Grundgesetz anschlagen: ›Wird jemand durch die öffentliche Gewalt in seinen Rechten verletzt, so steht ihm der Rechtsweg offen.‹ Der Präsident des Bundesverfassungsgerichts erklärte hierzu in einem Interview: Ein ›Feind‹ sei kein ›jemand‹ im Sinn des Grundgesetzes; also stehe ihm auch nicht der Rechtsweg offen. Der höchste Richter war schon vor seiner umstrittenen Bestellung dadurch bekannt geworden, dass er sich als Staatsrechtsprofessor vehement für eine ›Rettungsfolter‹ gegen Entführer und Bombenattentäter ausgesprochen hatte; seine Begründung: das Leben der zu rettenden Opfer sei höher zu bewerten als die Würde des Beschuldigten. Der Gesetzgeber hat sich in seiner Begründung des neuen Feindstrafgesetzbuches unter anderem auf diese Positionen bezogen. Bürgerrechtsvereinigungen weigerten sich hingegen, das neue Feindstrafrecht als Recht anzuerkennen. Der Satz ›Recht ist, was dem Staat nützt‹ sei Kennzeichen totalitärer Staaten; exakt dieser Satz aber liege letztendlich dem Feindstrafrecht zugrunde.« So weit der Zeitungsbericht aus dem Jahr 2011.

Alle Zitate aus diesem fiktiven Zeitungsbericht des Jahres 2011 stammen aus den Feindstrafrechtslehren des Strafrechtsprofessors Günther Jakobs. »Wer als Person behandelt werden will«, fordert er in einem Kommentar aus dem Jahr 2000, »muss seinerseits eine gewisse kognitive Garantie dafür geben, dass er sich als Person verhalten wird. Bleibt diese Garantie aus oder wird sie sogar ausdrücklich verweigert, wandelt sich das Strafrecht von einer Reaktion der Gesellschaft auf die Tat eines ihrer Mitglieder zu einer Reaktion gegen einen Feind.« Wer sich nicht »als Person« verhält, der wird von der Person zur Unperson, er wird zum Feind – zum Kriegsgegner eines Kriegs im Inland. Das normale Strafrecht mit seinen rechtsstaatlichen Regeln ist nach dieser Systematik nur für den normalen Bürger da, für den im Grundsatz braven Wähler und Staatsbürger. Das andere, das radikale Strafrecht, gilt für alle Feinde des Staates, die »Unpersonen« genannt werden – und gemeint sind damit Terroristen, organisierte Kriminelle, Sexualstraftäter, kurz alle, »die sich dauerhaft vom Recht abgewandt haben«. Die sollen von den Rechtsgarantien des normalen Strafrechts nicht mehr profitieren. Die Feinde müssen, so formuliert Jakobs weiter, außerhalb des Rechtsstaats »kaltgestellt« werden: »Es geht nicht mehr um die Erhaltung der Ordnung nach gesellschaftsinternen Irritationen, sondern es geht um die Herstellung erträglicher Umweltbedingungen dadurch, dass alle diejenigen [...] kaltgestellt werden, die nicht die kognitive Mindestgarantie bieten, die nötig ist, um sie praktisch aktuell als Personen behandeln zu können.«

»Kaltstellen« – was soll das bedeuten? Da bleibt der Feindstrafrechtslehrer im Vagen: »Das muss nicht heißen, nunmehr sei alles erlaubt, auch eine maßlose Aktion; vielmehr mag dem Feind eine potentielle Personalität zugestanden werden, so dass bei seiner Bekämpfung über das Erforderliche nicht hinausgegangen werden darf.« Also: Der Feind kann, muss aber nicht vernichtet werden. Wenn »kaltstellen« unbegrenzte Haft aufgrund von Gefährlichkeit bedeuten soll – die gibt es jetzt schon als »Sicherungsverwahrung« im klassischen Strafrecht; sie ist, wegen ihrer Rigorosität, eigentlich Feindstrafrecht. Die Verhängung von Sicherungsverwahrung ist freilich, solange sie, wie derzeit, noch Teil des Strafrechts ist, den strengen Formen des Straf- und Strafverfahrensrechts unterworfen. Das wäre vorbei, wenn man ein eigenes, systematisch von einem Bürgerstrafrecht getrenntes Feindstrafrecht schüfe.

Und wer ist als Feind kaltzustellen? Nur Terroristen? Oder auch die jugendlichen Schläger vom Münchner U-Bahnhof Arabellapark, die »Scheiß Deutscher« brüllten und einen Rentner zusammengeschlagen haben? Auch die jungen Neonazis, die den Türken Brandsätze in die Wohnung werfen, »weil das Gesocks weg muss aus Deutschland«? Ist ein Feind jeder, bei dem Hopfen und Malz verloren zu sein scheinen? Und wer beurteilt das? Und für wie lange gilt diese Beurteilung?

Der Feind sei, so die Feindstrafrechtslehre nach Jakobs, ein Individuum, das sich »in einem nicht nur beiläufigen Maß« in seiner Haltung, in seinem Erwerbsleben oder durch seine Einbindung in eine Organisation, »also jedenfalls vermutlich dauerhaft vom Recht abgewandt hat und insoweit die kognitive Mindestsicherheit personellen Verhaltens nicht garantiert und dieses Defizit durch sein Verhalten demonstriert«. Feinde sollen all diejenigen sein, die nicht nur durch eine einzelne Handlung, sondern durch ihren Lebenszustand Staat und Gesellschaft stören; es handelt sich quasi um Zustandsverbrecher. Jakobs bildet Beispiele: Der Feind, der sich in seiner »Haltung« als solcher zeige, sei etwa der sexuelle Hangtäter; der Feind, der sich durch sein Erwerbsleben als solcher offenbare, finde sich etwa in der Rauschgiftkriminalität; und der Täter, der durch seine Einbindung in eine Organisation zum Täter wird, sei natürlich der Terrorist.

Diese holprigen rechtlichen Systematisierungsversuche machen deutlich: Wer Feind ist, ist keine rechtliche, sondern eine politische Frage. Es steht dem Gesetzgeber frei, etwa Wiederholungstäter nach Belieben zu Feinden zu erklären. In den USA wird zu diesem Zweck eine Baseballregel angewandt: »Three strikes and you are out«! Es werden also dort Täter, die das dritte Mal verurteilt werden, zu lebens- oder zumindest jahrzehntelanger Haft verurteilt, und dies weitgehend unabhängig von der Schwere der begangenen Delikte. Man sieht: Das Feindstrafrecht beginnt mit den Terroristen und greift sich dann die Diebe.

1985, bei der Frankfurter Strafrechtslehrertagung, hat Jakobs erstmals die Tendenzen zur Entwicklung eines Feindstrafrechts dargestellt; damals fand er kaum Widerspruch, obwohl sein Fazit ziemlich vernichtend ausfiel: »Das Strafgesetzbuch in seiner gegenwärtigen Gestalt verschleiert an nicht wenigen Stellen den Übertritt über die Grenzen eines freiheitlichen Staates.« Diese Diagnose teilten und teilen viele.

1999, bei einer Veranstaltung in der Berlin-Brandenburgischen Akademie der Wissenschaften über die »Deutsche Strafrechtswissenschaft vor der Jahrtausendwende, Rückbesinnung und Ausblick«, vertrat Jakobs dann erstmals die Ansicht, man brauche nicht nur das normale Strafrecht, sondern daneben noch ein zweites, davon losgelöstes, radikales Strafrecht – eben das Feindstrafrecht.

Auf die Thesen von Jakobs hat die Wissenschaft zunächst gar nicht reagiert, gerade so, als könne sie nicht glauben, dass da einer tatsächlich die partielle Rückabwicklung des Rechtsstaats, dass da einer den Kulturbruch postuliert – und dies mit einem Vokabular, wie man es in Deutschland seit sechs Jahrzehnten nicht mehr gehört hat. Die Lehre vom Feindstrafrecht funktionierte wie eine Bombe mit Zeitzünder: Seit einiger Zeit wird nun landauf, landab über das Feindstrafrecht diskutiert, ablehnend zumeist; besonders vehement und empört von den Anwalts- und Strafverteidigerverbänden. (Einen guten Überblick bietet der Band *Bitte bewahren Sie Ruhe. Leben im Feindrechtsstaat.*)

Nachdem Jakobs seine Thesen in den Jahren 2002 bis 2005 in weiteren Arbeiten ausgebreitet hatte, die in Deutschland, Spanien und China erschienen sind, begann die Abwehr immer massiver zu werden. Eine Dissertation *(Krieg und Feindstrafrecht* von Alejandro Aponte), 2005 im Freiburger Max-Planck-Institut für internationales Strafrecht erschienen, legt dar, wie ein solches Feindstrafrecht in Kolumbien beim Krieg gegen die Drogenkriminalität schon zum Einsatz gelangte; der Feind wurde dort in der Praxis weniger als Beschuldigter denn als militärisches Ziel behandelt. Geheimverfahren gegen Staatsfeinde wurden, auch zum Schutz der Justiz, wie es hieß, per Gesetz eingeführt: Der Beschuldigte wusste also nicht, welcher Richter über ihn urteilte; auch die Staatsanwälte, Zeugen und Gutachter blieben geheim, Urteile wurden nicht unterschrieben. Als das kolumbianische Verfassungsgericht eine solche »Justiz ohne Gesicht« kritisierte, galt es auf einmal selbst als Feind.

Das Reden über ein Feindstrafrecht hat in jüngerer Zeit Eingang gefunden in viele Diskussionen und rechtspolitische Überlegungen, es ist ein neues gedankliches Fundament für die Gesetze und Maßnahmen der Inneren Sicherheit: Denn ein Feindstrafrecht erlaubt fast alles, was ansonsten verboten ist; es schafft ein System, in dem sogar Folter und sonstige bisher verbotene Vernehmungsmethoden systemkonform sind und in dem bei Gefahr, ohne lange zu fackeln, verhaftet und eingesperrt werden kann – weil es in diesem Feindstrafrecht nicht um »Normgeltung« geht, sondern darum, dass man »Gefahren bekämpft«. Das Feindstrafrechtsmodell besitzt eine diabolische Potenz, weil es all die Maßnahmen, mit denen sich ein Rechtsstaat schwertut, ohne weiteres ermöglicht.

Mit einem Feindstrafrecht hätte es die Beweisschwierigkeiten in den Hamburger Prozessen gegen Mounir El Motassadeq und Abdelghani Mzoudi, zwei mutmaßliche Helfer beim Attentat vom 11. September 2001, nicht gegeben. Die Vereinigten Staaten hatten weder die notwendigen Beweismaterialen herausgegeben noch die für die Beweisführung notwendigen Zeugen. Die Justiz sprach und spricht heute im Zweifel frei, wenn der Prozess nicht nach rechtsstaatlichen Beweisregeln geführt werden kann. Unter der Geltung eines Feindstrafrechts bräuchte man solche Skrupel nicht zu haben. Ein Urteil wie das des Bundesgerichtshofs, das im Juni 2005 den als Terroristen angeklagen Abdelghani Mzoudi freisprach, würde dann zu einer nostalgischen Reminiszenz: Die Richter des Bundesgerichtshofs hatten sich weder von den Erwartungen der Allgemeinheit noch von denen der amerikanischen Sicherheitsbehörden beeindrucken lassen. Sie hatten darauf beharrt, dass ohne Ansehen der Person geurteilt werden muss, und darauf, dass der Rechtsstaat auch bei der Bekämpfung des Terrorismus Rechtsstaat bleiben muss.

Mit einem Feindstrafrecht gewönne auch der Fall Murat Kurnaz an Legalität. Der in Bremen geborene Türke war am 3. Oktober 2001, vier Tage vor den ersten US-Bombardements auf Afghanistan, von Frankfurt nach Pakistan geflogen; nach eigenen Angaben wollte er dort den Islam studieren, nach Befürchtungen der Sicherheitsbehörden suchte er den Kontakt mit islamistischen Gewalttätern; nachgewiesen werden konnte ihm das nicht. Ende 2001 nahmen ihn pakistanische Sicherheitsbehörden fest und verkauften ihn für 3000 Dollar an die US-Truppen, die ihn Anfang 2002 nach Guantánamo brachten, wo er bis August 2006 als »feindlicher Kämpfer« festgehalten wurde.

Deutsche Behörden wussten spätestens Anfang 2002 von der Inhaftierung. Ende September 2002 wurde Kurnaz von Beamten des Bundesnachrichtendienstes und des Bundesamts für Verfassungsschutz im Lager Guantánamo verhört. Obwohl die deutschen Guantánamo-Vernehmer von Kurnaz' Unschuld überzeugt waren und festgestellt hatten, dass er keinerlei Kontakte ins terroristische Milieu hatte, sondern lediglich zur falschen Zeit am falschen Ort gewesen sei, verweigerten ihm die deutschen Behörden, an der Spitze das Bundeskanzleramt, die von den USA im Herbst 2002 in Aussicht gestellte Freilassung nach Deutschland; die schweren Menschenrechtsverletzungen im US-Gefangenenlager waren allgemein bekannt. Man bezeichnete ihn als »Sicherheitsrisiko« und tat alles, um ihn als Persona non grata aus Deutschland fernzuhalten. Man sah den Mann lieber auf Guantánamo als in Deutschland. Im Kampf gegen den Terror zählt nämlich die Freiheit des Einzelnen wenig.

Unter der Geltung eines Feindstrafrechts wäre auch nicht weiter zu kritisieren, dass der aus Syrien stammende, in Hamburg aufgewachsene Mohammed Haydar Zammar, deutscher Staatsangehöriger seit 1982, im Jahr 2002 in einem syrischen Gefängnis von deutschen Beamten fünfzehn Stunden lang vernommen wurde. Zammar war zuvor »drei Tage lang auf die Befragung im

Interesse einer konstruktiven Haltung vorbereitet«
worden (so teilte das der Fallführer des syrischen
Geheimdiensts den deutschen Vernehmungsbe-
amten mit). Die Beamten notierten das zwar, fuh-
ren aber mit der Befragung fort. Die Ausnutzung
einer Gesprächssituation, die andere durch Folter
erzwungen haben, wäre für ein Feindstrafrecht
selbstverständlich. Vom Feindstrafrecht gedeckt
wäre auch die Verschleppung von Terrorverdächtigen in sogenannte Verhör- und Haftzentren; in
den USA spricht man hier von »extraordinary ren-
dition«. Eine solche »außerordentliche Zufüh-
rung« in ein Geheimgefängnis widerfuhr Khaled
el Masri, im Libanon geboren und seit 1994 deutscher Staatsbürger. Er reiste kurz vor Jahreswech-
sel 2003/2004 nach einem Ehekrach von seiner
Heimatstadt Ulm aus alleine nach Mazedonien,
um dort ein paar Tage zu verbringen. An der ser-
bisch-mazedonischen Grenze wurde er festgenom-
men und zunächst drei Wochen von mazedo-
nischen Sicherheitskräften festgehalten und verhört. Diese übergaben ihn dann der CIA, die ihn
per Flugzeug über Bagdad nach Kabul verschlepp-
te. Dort wurde er in einem Geheimgefängnis vier
Monate ohne Anklage festgehalten, misshandelt,
Nahrungs- und Schlafentzug ausgesetzt und immer wieder verhört. Die Vernehmer hielten ihm
Namen und Details vor aus seinem Ulmer Umfeld
und der Moschee in Neu-Ulm, in der er verkehrte.

Am Ende der Gefangenschaft in Kabul wurde der muslimische Deutsche von einem deutschsprechenden Mann vernommen, der sich als »Sam« vorstellte. Dieser begleitete ihn am 28. Mai 2004 auf dem Rückflug nach Albanien, wo er schließlich an der albanisch-mazedonischen Grenze ausgesetzt wurde. Die Identität von »Sam« ist ungeklärt; el Masri ist sich sicher, dass es sich um einen deutschen Beamten handelt. Inwiefern deutsche Behörden von der Entführung wussten, ist bisher nicht restlos aufgeklärt. Nach offizieller Darstellung hat es sich bei der Verschleppung um eine Verwechslung mit einem namensgleichen Al-Kaida-Mitglied gehandelt.

Das Feindstrafrecht verlockt mit Einstiegsangeboten; dazu gehört etwa das vorbeugende und dauerhafte Einsperren von Kindesmissbrauchern, wie es die CSU nach dem Mord an einem neunjährigen Kind in München forderte. Mit dem Modell des Feindstrafrechts ist das kein Problem. Der Kindesmissbraucher bietet nämlich, so die Feindstrafrechtslehre, »keine hinreichende kognitive Sicherheit personalen Verhaltens«, er ist also ein Feind und kann deshalb »nicht nur nicht erwarten, noch als Person behandelt zu werden, sondern der Staat darf ihn nicht als Person behandeln, weil er ansonsten das Recht auf Sicherheit der anderen Personen verletzen würde«.

Alle Maßnahmen der Inneren Sicherheit der

vergangenen Jahre, für die das Verfassungsgericht immer wieder strenge Auflagen gemacht hat, sind nach dem Modell des Feindstrafrechts auch ohne diese Auflagen möglich: geheimdienstliche Ermittlungsmethoden, Lauschangriffe, Telefonüberwachungen und so weiter. Der »Feind« darf nicht erwarten, dass er behandelt wird wie ein Bürger, der gefehlt hat; und die unschuldigen Bürger, die in solche Zugriffe und Kontrollen geraten, müssen das als Kollateralschäden des Feindstrafrechts hinnehmen. Das heißt: Auch die Bürger werden als Feinde behandelt, solange sich die Feinde unter ihnen aufhalten und erst aufgespürt und dingfest gemacht werden müssen.

Die Behauptung, man könne zwischen Bürger- und Feindstrafrecht immerhin sauber trennen, stimmt also nicht. Der vom Feindstrafrecht propagierte Krieg gegen den inneren Feind ist so raum- und menschengreifend wie der Krieg gegen den äußeren Feind. Der Krieg gegen den äußeren Feind trifft nicht nur die Attentäter, ihre Helfer und Helfershelfer, auf die man es (wie mit dem Krieg in Afghanistan) abgesehen hat, er trifft vor allem Unschuldige. So ist es auch mit dem Krieg im Inneren, weil dieser Krieg aufgrund von Mutmaßung und Generalverdacht, mit denen er operiert, auf völlig unbeteiligte Bürger zugreift.

Das Feindstrafrecht sucht sich bei Fichte (»Wer den Bürgervertrag verlässt, wird rechtlos«) und

Kant (denjenigen, der das Leben in einem »gemeinschaftlich-gesetzlichen Zustand« nicht mitmacht, kann man »als einen Feind behandeln«) Zitate zusammen, und es bastelt daraus ein ideologisches Gerüst, in dem die Grundrechte des Menschen keine Rolle spielen: Ein Individuum, das sich nicht in einen bürgerlichen Zustand zwingen lasse, könne den Segnungen des Begriffs »Person« nicht teilhaftig werden. Gegen ein solches Individuum müsse ein »gebändigter Krieg« geführt werden. »Der prinzipiell Abweichende bietet keine Garantie personalen Verhaltens; deshalb kann er nicht als Bürger behandelt, deshalb muss er als Feind bekriegt werden. Dieser Krieg erfolgt mit einem legitimen Recht der Bürger, und zwar mit ihrem Recht auf Sicherheit; er ist aber, anders als Strafe, nicht auch Recht am Bestraften, vielmehr ist der Feind exkludiert.« So formuliert es Jakobs 2004 in der Online-Zeitschrift *Höchstrichterliche Rechtsprechung im Strafrecht.*

Es geht um die Ausbürgerung von Menschen aus dem normalen Recht. Der Neffe, der seinen Erbonkel erschlägt, soll noch nach den Regeln des normalen, des Bürgerstrafrechts, behandelt werden – weil der böse Neffe ja nicht den Staat gefährdet, sondern im Gegenteil auf diesen Staat vertraut und von ihm den Schutz des ererbten Vermögens erwartet. Für die anderen Verbrecher, die sich aus dem Gemeinwesen verabschieden, gibt es Krieg.

Wie der genau aussieht, führt die Lehre vom Feindstrafrecht noch nicht aus; man kann es sich ausmalen. Rechtsbrüche wie in Guantánamo oder im Irak erhalten so die höheren Weihen.

Ein Feindstrafrecht rechtfertigt Guantánamo und geht noch darüber hinaus. Es ist die Rehabilitation des Staatsrechtlers und Nazi-Apologeten Carl Schmitt, der dem Staat das Kriegsrecht auch im Inneren und damit das Recht der Bestimmung des inneren Feindes eingeräumt hat. Während der RAF-Zeit hat man sich das noch nicht so offen zu sagen getraut: Der Staat hat die RAF-Mitglieder, bei aller Panik, letztlich doch als Straftäter betrachtet, wenn auch einer ganz besonders gefährlichen Art.

Günther Jakobs ist kein Radaubruder, er ist ein seriöser Wissenschaftler – wie auch der Staatsrechtslehrer Carl Schmitt einer war. Schmitt hat in seiner Schrift über den *Begriff des Politischen* (1932) »die Unterscheidung von Freund und Feind« getroffen; er ist der Klassiker des Freund-Feind-Denkens. Er hat gegen die »Fiktionen lückenloser Legalität« agitiert, gegen die »Herrschaft des Gesetzes« polemisiert und die Einrichtung von dauerhaften »Ausklammerungen« für notwendig gehalten. Daran erinnert man sich, wenn man von Geheimgefängnissen, Verhörzentren, Rettungsfolter, legaler Verschleppung und von einem Feindstrafrecht hört. Dessen Spiritus Rector ist Carl Schmitt.

Die Bürger- und Feindstrafrechtslehre gemahnt auch an die Lehre vom »Doppelstaat«, die Ernst Fraenkel zum NS-Staat entwickelt hat. Ernst Fraenkel, Politik- und Rechtswissenschaftler, Sozialdemokrat, war nach 1933 bis zu seiner Emigration in die USA noch einige Jahre als Anwalt in Berlin tätig, erlebte dabei das »Janusgesicht« des NS-Staats, das Nebeneinander von herkömmlichen Gerichtsverfahren und völligen Willkürmaßnahmen in der NS-Diktatur – und veröffentlichte seine Analyse von 1939 dann 1941 in den USA unter dem Titel *The Dual State:* »Deutschland lebt heute nach doppeltem Recht. Für das deutsche Reich als politisches Gebilde gilt ein gesondertes Recht; als technischer Apparat funktioniert es im Einklang mit allgemein gültigen Gesetzen. Der politische Staat und der technische Staatsapparat leben nicht nur nach zweierlei Recht, sondern nach verschiedenen Rechtsprinzipien. Während der technische Staatsapparat ein ausgearbeitetes System von Gesetzen besitzt, lebt der politische Staat von einigen, ganz allgemein gefassten Rechtsgrundsätzen, die fast unbegrenzten Raum für das freie Ermessen lassen.«

Die juristische Gestalt des deutschen Doppelstaats offenbare sich, so Fraenkel, darin, »dass die aufrechterhaltenen Gesetze des vornationalsozialistischen Rechtsstaats jetzt nur unter dem Vorbehalt einer jeweiligen Suspendierung durch den

163

Maßnahmestaat ihre Wirksamkeit besitzen«. Deutschland war ein Land, in dem »ohne Urteilsspruch Tausende jahrelang eingekerkert, ohne Gerichtskontrolle Vermögen beschlagnahmt, ohne Rechtsbehelfe Existenzen vernichtet werden und in dem gleichzeitig um einer Lappalie willen drei Instanzen bemüht werden können, ein Land, in dem es vorgekommen ist, dass ein Mann aus dem Konzentrationslager heraus erfolgreich seine Steuerbeschwerde bearbeiten kann«.

Der Vergleich des Nazi-Doppelstaats mit dem Bürger- und Feindstrafrecht sei, so der Staatsrechtler Robert Christian van Ooyen, der Fraenkel ausgiebig zitiert, eine »Dramatisierung«, die sich »heuristisch rechtfertigt«. Nur heuristisch? Sie rechtfertigt sich auch aus dem Erschrecken über Guantánamo und der Gefahr einer Guantanamoisierung des Rechts. Und sie rechtfertigt sich aus dem gesamtsystematischen Ansatz der Feindstrafrechtslehre, die von »Unpersonen« spricht als einer »Gefahrenquelle«, vor der man sich, so Jakobs in einem Vortrag vor der Nordrhein-Westfälischen Akademie der Wissenschaften, schützen muss wie vor »einem wilden Tier«.

Die rechtliche Personalität des Betroffenen soll aber im Übrigen unangetastet bleiben: »der zu sichernde Verbrecher behält sein Recht auf körperliche Unversehrtheit, sein Eigentum und muss Steuern zahlen«. Das Feindstrafrecht betrachtet sein Subjekt als Sphinx: halb Mensch, halb Tier.

Unpersonen kaltstellen, ausgrenzen, ihnen den Anspruch verweigern, als Person behandelt zu werden – das ist ein Wortschatz, den wir seit dem Ende des Nationalsozialismus nicht mehr gehört haben. Auch die Nürnberger Rassegesetze waren ein Feindrecht: »Der Reichsbürger ist der alleinige Träger der vollen politischen Rechte nach Maßgabe der Gesetze.« Die Feindstrafrechtslehre knüpft an Denktraditionen an, die den Ausschluss des Menschen zum legitimen Ziel staatlichen Handelns erklären. Der Frankfurter Rechtsanwalt Rainer Hamm, Mitglied im Strafrechtsausschuss des Deutschen Anwaltvereins, stellte auf einem Symposium fest: »Seit 1945 hat sich niemand mehr getraut, sich so auszudrücken, wenn es um die Subjekte, Objekte oder Prädikate eines in der Demokratie auch nur halbwegs rechtsstaatlich praktizierten Strafrechts ging.«

Bisher stehen die Menschenrechte jedem zu, allein aufgrund der Tatsache, Mensch zu sein. Der Status der Rechtsperson ist nicht daran geknüpft, dass man den Staat, den lieben Gott, das Recht, sich selbst oder sonst etwas achtet. Man muss nicht anständig und nicht einmal ein wenig gut sein, um vom Recht als Person behandelt zu werden. Das ist – das war? – der Kern des Rechtsstaates. Wer ein Feindstrafrecht zu brauchen glaubt, der glaubt nicht an die Überlegenheit des Rechtsstaats über den Fundamentalismus. Wer ein Feindstrafrecht ausruft, der reagiert auf die Radikalismen, die sich im unaufgeklärten islamischen Raum entwickeln, mit einem Rückfall in die Voraufklärung. Dieser Raum steht heute vor Problemen, »von denen man lediglich hoffen kann, dass sie in Europa durch eine vielleicht doch nicht so dünne Decke der aufgeklärten Zivilisation eingedämmt wurden«, sagt Philipp Thiée von der Strafverteidigervereinigung. Man sollte diese Decke der aufgeklärten Zivilisation nicht zerreißen.

Warum das Feindstrafrecht überhaupt noch »Recht« genannt werden soll, ist unerfindlich, handelt es sich doch um den Ausschluss von Menschen aus dem Recht. Das Strafgesetz ist dann nicht mehr die Magna Charta des Straftäters und nicht mehr die Magna Charta des Bürgers. Es wird zu einem juristischen Inflationspapier. Das Feindstrafrecht ist die Rücknahme aller Rechtsgarantien, die dem Menschen seit der Habeas-Corpus-Akte von 1679, seit dem berühmten englischen Gesetz zum Schutz der persönlichen Freiheit, gegeben worden sind. Wenn der Staat Menschen, die sich vom Recht abgewandt haben, nicht mehr nach dem Recht behandelt, ist er kein Rechtsstaat mehr. Dann stirbt er an seiner vermeintlichen Verteidigung. Die Geschichte kennt viele Beispiele für Opferkulte, die Unglück und Katastrophen abwenden

sollten: Es gab Menschenopfer, Gabenopfer, Süh-
neopfer, Speise- und Brandopfer. Opfern bedeu-
tete, auf etwas zu verzichten, was man hernach
schmerzlich vermisste. Die westlichen Demokratien opfern ihre Rechtsgrundsätze; aber ihre Politiker machen dabei nicht den Eindruck, als würden
sie diese schmerzlich vermissen. Die archaische
Kultur von Minos hat dem Minotaurus alljährlich
ihre Kinder geopfert, um Sicherheit zu gewinnen.
Eine demokratische Kultur, die ihre Prinzipien
dem Terrorismus in den Rachen wirft, handelt
nicht anders. Der Rechtsstaat betreibt selbst die
Zerstörung dessen, was ihn ausmacht.

Ein Feindstrafrecht ist also nicht der Retter der
freiheitlichen Gesellschaft, sondern ihr Untergang.
Es ist nicht ein Freund der Bürgergesellschaft,
sondern ihr Feind.

5. Kapitel
Der Flüchtling als Verbrecher

Die Militarisierung, die das Polizei- und Strafrecht nicht nur sprachlich ergriffen hat, wurde in der Flüchtlingspolitik vorweggenommen. Die Beschränkung und Auflösung der Individualrechte, die Vereitelung des grundgesetzlich garantierten Rechtsschutzes, sie wurden am Asylrecht vorexerziert. Dem Satz vom Zweck, der angeblich alle Mittel heiligt, ist in der Asylpolitik freie Bahn gebrochen worden. Das Bild vom potentiell gefährlichen Individuum wurde von einer Asylpolitik der Abschreckung konturiert; vom neuen Polizeirecht wird es nun koloriert: Die Unschuldsvermutung gilt nicht mehr, der Einzelne muss beweisen, dass er nicht gefährlich ist. Ihm wird auf alle nur erdenkliche Weise nachgestellt: mit Wanzen und geheimdienstlicher Telefonüberwachung, mit Ermittlungsmethoden, die mit rechtsstaatlichen Instrumentarien nicht mehr kontrollierbar sind. Die Asylpolitik der letzten zwanzig Jahre war und ist das Menetekel für die allgemeine Politik der Inneren Sicherheit.

Am 11. September 2001 hat die Welt Afrika aus dem Blick verloren. Ein ganzer Kontinent vegetiert seitdem abseits aller politischen und militärischen Interessen. Seitdem für den Westen al-Kaida das Synonym für Gefahr geworden ist, seitdem die Amerikaner ihre Freiheit im Irak verteidigen und die Deutschen am Hindukusch, seitdem Bin Laden und Saddam Hussein des Teufels sind, seitdem jeder Dollar und jeder Euro, der ihrer Bekämpfung dient, also ein gutes Werk ist – seitdem geht ein Erdteil unter, ohne dass man sich darum schert. Der Erdteil der Ärmsten säuft ab, aber kaum jemand funkt SOS.

EU-Entwicklungshilfe besteht neuerdings auch darin, in Afrika »Lager« einzurichten. Es ist sicherlich richtig, dass bei Konflikten zwischen Stämmen und Staaten von kürzerer Dauer heimatnahe Lager sinnvoll sind. Die EU-Politik aber verfolgt eine andere Linie. Und die heißt: aus den Augen, aus dem Sinn. So kann man sich der Illusion hingeben, das Welt-Armutsproblem mit administrativen und abschreckenden Maßnahmen im Griff zu behalten: Wohlstand bleibt drinnen, Elend draußen.

Indes wird eine Mauer aus Paragraphen und Lagern so wenig halten, wie alle anderen Mauern der Geschichte gehalten haben. Sie fördert nur den Irrglauben, Reichtum nicht teilen zu müssen. Der Kaiser, der in Max Frischs gleichnamigem Stück »die chinesische Mauer« bauen lässt, tut dies »um die Zukunft zu verhindern« – um also sein Weltbild nicht in Frage stellen zu müssen. Dieser chinesische Kaiser hat noch heute Minister.

Der Werbespruch für ein Bratfett war die Leitidee für Schengen: außen knusprig, innen saftig. Schengen ist ein Winzerort in Luxemburg, in dem ein Vertrag geschlossen wurde, wonach die unterzeichnenden EU-Staaten außen die Grenzen dicht machen, dafür aber innen alles offen bleibt, also auf Grenzkontrollen verzichtet wird. Das war 1985, das war eine schöne europäische Idee, deren Umsetzung aber leider nicht so schön ist. In vierundzwanzig Ländern Europas wird das Schengen-Abkommen mittlerweile angewendet, das sind die zweiundzwanzig Mitgliedsländer der EU, hinzu kommen als Nicht-EU-Staaten Island und Norwegen. Die Außengrenzen wurden so dicht gemacht, dass es dort auch für die Humanität kein Durchkommen mehr gibt.

Schengen bedeutet für Europa das, was die Abschaffung des alten Asylgrundrechts für Deutschland bedeutet hat: Schengen macht Europa dicht für Flüchtlinge. Wer es trotzdem versucht, riskiert sein Leben; viele Tausende, vielleicht Zehntausende von Menschen sind im Mittelmeer oder in den Grenzflüssen zu Tode gekommen. Daher wird versucht, die Auffanglinien vorzuverlegen, vor allem nach Libyen, und dort Auffanglager einzurichten. EU-Delegationen waren bei Gaddafi, um technische Details der Vorkehrungen gegen »illegale Migration« zu besprechen. In einem Dokument ist festgehalten, was man den Libyern fürs Erste geliefert hat: neben fünfhundert Rettungswesten auch tausend Leichensäcke für die Opfer gescheiterter Fluchtversuche nach Europa.

Manchmal werden tote, manchmal werden lebende Flüchtlinge an den Küsten Andalusiens angespült. Das Mittelmeer ist ein Gottesacker geworden für viele, die sich auf den Weg gemacht haben. Manchmal bleibt ein Stück Flüchtling an den Stacheldrahtzäunen hängen, mit denen Spanien in seinen Exklaven in Marokko den Weg versperrt. Achtzehn Millionen Afrikaner sind nach Schätzungen von Klaus Töpfer, dem früheren Leiter des UN-Umweltprogramms in Nairobi, seit Jahren auf der Flucht, von Land zu Land: nach Süden, nach Südafrika, oder nach Norden, nach Europa. Sie fliehen nicht nur vor Militär und Polizei, nicht nur vor Bürgerkrieg und Folter. Vielen Millionen drohen absolute Armut und Hunger; und es lockt die Sehnsucht nach einem Leben, das wenigstens ein wenig besser ist. Europa nimmt davon nur dann Notiz, wenn eine zerlumpte Vorhut den Stacheldraht von Ceuta und Melilla erklimmt und die spanischen Grenztruppen auf Menschen schießen, die aus Ländern geflohen sind, die einst Entwicklungsländer hießen. Dort entwickeln sich aber heute nur noch Aids, Hunger, Chaos und Korruption.

Die Flüchtlinge gelten als Feinde des Wohlstands. Die Europäische Union schützt sich vor ihnen wie vor Terroristen: man fürchtet sie nicht wegen ihrer Waffen, sie haben keine; man fürchtet sie wegen ihres Triebes, sie wollen nicht krepieren, sie wollen überleben – sie werden also behandelt wie Triebtäter; und sie werden betrachtet wie Einbrecher, weil sie einbrechen wollen in das Paradies Europa; und man fürchtet sie wegen ihrer Zahl und sieht in ihnen so eine Art kriminelle Vereinigung. Deswegen wird aus dem »Raum der Freiheit, der Sicherheit und des Rechts«, wie sich Europa selbst nennt, die Festung Europa.

Die Flüchtlinge flüchten, weil sie nicht krepieren wollen. Sie sind jung, und das Fernsehen lockt noch in den dreckigsten Ecken der Elendsviertel mit Bildern aus der Welt des Überflusses. Die Leute, die sich in Guinea-Bissau oder in Uganda auf den Weg machen und nach einer einjährigen Odyssee in Nordafrika vor den spanischen Exklaven Ceuta oder Melilla ankommen, wollen nicht wieder zurück. Das Durchschnittsalter der Bevölkerung südlich der Sahara liegt bei 17,6 Jahren! Noch bleiben 95 Prozent der Flüchtlinge in der Welt, die man die Dritte nennt. Diese Ausgeschlossenen aber drängen nun an die Schaufenster, hinter denen die Reichen der Erde sitzen.

Der Druck vor den Schaufenstern wird stärker werden. Ob uns diese Migration passt, ist nicht mehr die Frage. Die Frage ist, wie man damit umgeht, wie man sie gestaltet und bewältigt. Migration fragt nicht danach, ob die Deutschen ihr Grundgesetz geändert haben, sie fragt nicht danach, ob einige EU-Staaten sich aus der Genfer Flüchtlingskonvention hinausschleichen, auch nicht, ob das Thema in Berlin oder Brüssel irgendeine Rolle spielt. Die Migration ist da. Sie wird einmal alle anderen Probleme in den Hintergrund drängen.

Der Migrationsdruck wird das Thema dieses Jahrhunderts werden, und das Schicksal zweier Kontinente wird sich darin entscheiden, ob der europäischen Politik etwas anderes einfällt als die militärische Mobilmachung gegen Flüchtlinge. Im Jahr 2004 schickte das Europäische Parlament Empfehlungen »zur Zukunft des Raums der Freiheit, der Sicherheit und des Rechts sowie zu den Bedingungen für die Stärkung seiner Legitimität und Effizienz« an den Europäischen Rat. Die Parlamentarier äußerten darin ihr Bedauern darüber, »dass sich die Fortschritte im Bereich Asyl und Einwanderung bislang im Wesentlichen auf die

Bekämpfung der illegalen Einwanderung« konzentriert haben.

In der Tat: Bisher ist Flüchtlingspolitik vor allem Flüchtlingsabschreckungs- und Flüchtlingsabwehrpolitik. Europa macht dicht. Die Europäische Union hat in den vergangenen Jahren fast alle legalen Zugangsmöglichkeiten zu ihrem Territorium verschlossen. Für alle Herkunftsländer von Flüchtlingen ist Visumspflicht angeordnet. Visa für Flüchtlinge gibt es aber nicht. So wird jede legale und gefahrenfreie Einreise verhindert. Wer sie trotzdem schafft, ist per gesetzlicher Definition ein Asylmissbraucher und reif für umgehende Abschiebung.

Seit 1992, seit den »Londoner Entschließungen«, hat sich EU-Konferenz um EU-Konferenz mit den Bauplänen für die Festung Europa befasst. Es wurden Zäune aus Paragraphen errichtet (als Erstes von den Deutschen, die 1993 ihr Asylgrundrecht änderten, um es, wie es hieß, europatauglich zu machen). Es wurden Hunderte Millionen Mark und Euro in die Bewachung der Außengrenzen investiert: Patrouillenboote, Nachtsichtgeräte, Grenzüberwachungstechnik.

Als der Schweizer Jurist und Journalist Beat Leuthardt 1994 sein Handbuch *Festung Europa* veröffentlichte, musste er sich von Politikern und Polizeistrategen in Bonn, Brüssel, Wien und Bern anhören, dass es eine solche Festung nicht gebe:

»Gehen Sie hinaus, schauen Sie sich um in Europa, und zeigen Sie uns die Opfer dieser Festung Europa.« Heute weiß jeder Zeitungsleser, wo man sie findet: in Containern, aus denen man sie, in Dover oder in Kiefersfelden, erstickt herauszieht. Italienische Fischer berichteten im Sommer 2004: »Wir haben keine Garnelen, sondern Leichen in den Netzen – das ist die Situation im Mittelmeer vor der libyschen Küste.«

Die Zahl der Asylanträge in Europa hat sich seit Mitte der neunziger Jahre mehr als halbiert. In Deutschland ist die Zahl der Asylbewerber so niedrig wie schon seit 1984 nicht mehr. Rapide gestiegen ist allerdings die Zahl der Abschiebungen. Das ist ein Erfolg der Verschärfung des Asylrechts in ganz Europa. Zu den Erfolgen der Verschärfungen zählt es auch, dass sich die Politik über Fluchtursachenbekämpfung kaum noch Gedanken macht. Im Herbst 1990 hatte eine CDU-Arbeitsgruppe »Flüchtlingskonzeption« unter dem Vorsitz des damaligen (und derzeitigen) Bundesinnenministers Wolfgang Schäuble Pläne für eine Bekämpfung der Fluchtursachen gemacht; sie sind in den Schubläden verschwunden.

Bei der EU-Konferenz im finnischen Tampere im Oktober 1999 räumten die Staats- und Regierungschefs der EU erstmals ein, dass eine Politik des bloßen Einmauerns nicht funktionieren kann. Zwar wurde damals auch zum x-ten Mal beschlossen, die Außengrenzen noch besser zu sichern und Schlepperbanden noch besser zu bekämpfen (was sollen Flüchtlinge eigentlich anderes machen, als sich solcher Fluchthelfer zu bedienen, wenn es sonst keine Möglichkeit zur Flucht gibt?). Andererseits räumten sie aber ein, dass Verfolgte weiterhin Aufnahme finden müssten. Flüchtlinge sollen also wenigstens eine kleine Chance haben, Schutz in der EU zu finden. In Tampere wurde sozusagen das Europamodell einer Festung mit einigen Zugbrücken kreiert. Über die Zugbrücken sollten die politisch Verfolgten kommen dürfen. Diese Zugbrücken existieren aber bis heute nur auf dem Papier. Stattdessen gibt es vorgeschobene Auffanglinien in Nordafrika – in Libyen, Tunesien, Algerien, Marokko und Ägypten. Die Nordafrikaner sollen sich, irgendwie, um die Flüchtlinge kümmern. Wie? Da wird man dann nicht so genau hinschauen. Man spielt Pontius Pilatus und wäscht die Hände in Unschuld.

Die Italiener praktizieren dieses Modell schon einige Zeit. Die Länder, die mitmachen, erhalten dafür, unter anderem, eine kleine Einwanderungsquote. Auf EU-Konferenzen erfindet man schöne Namen für solches Tun: Die Flüchtlingslager, die mit EU-Hilfe in Nordafrika errichtet werden, heißen nicht »Flüchtlingslager«, sondern »Aufnahmezentren«. Die Abschiebung der Verantwortung an die Nordafrikaner nennt man nicht »illegales

Outsourcing«, sondern »stellvertretenden Flüchtlingsschutz«. Und das ganze Unterfangen läuft unter der Überschrift »praktizierte Humanität« – weil die Flüchtlinge mittels der Lager davon abgehalten würden, »den gefahrvollen Weg über das Mittelmeer zu riskieren«.

Ziel ist: Das Institut des Asyls soll ausgelagert werden. Die EU zahlt dafür, dass das Asyl dort hinkommt, wo der Flüchtling herkommt. Asyl in Europa wird so zu einer Fata Morgana werden: schön, aber unerreichbar. Schutz gibt es dann nicht mehr in Deutschland, Italien oder sonstwo in der EU, sondern allenfalls weit weg von der Kontrolle durch Justiz und Öffentlichkeit. Und wenn der Schutz dann kein Schutz ist, sondern Auslieferung an das Land, aus dem der Flüchtling geflohen ist, dann kräht kein Hahn danach. Aus den Augen, aus dem Sinn.

Aus den alten Kolonialländern werden nun also neue, sie werden eingespannt zur Flüchtlingsentsorgung. Entsorgung ist teuer, das ist aus dem Umweltschutz bekannt. Dementsprechend wird den einschlägigen Ländern finanzielle und sonstige Hilfe angeboten. Die Europäer finanzieren, die anderen parieren. Libyen erhält Nachtsichtgeräte und Schnellboote, um zu verhindern, dass Flüchtlinge überhaupt nach Europa kommen. Staaten, die den Europäern auf diese Weise helfen, sich den völkerrechtlichen Verpflichtungen zu entziehen, erhalten dafür das Testat, dass sie sich nun auf dem Weg guter demokratischer und rechtsstaatlicher Entwicklung befänden.

Es handelt sich um die Globalisierung einer Flüchtlingspolitik, die Deutschland 1993 bei der Abschaffung des alten Asylgrundrechts entwickelt hat: Damals umgab sich Deutschland – durch die Einführung der Drittstaatenklausel und des Systems der sicheren Herkunftsstaaten – mit einer Sicherheitszone, die es weitgehend ausschließen sollte, dass ein Flüchtling in Deutschland überhaupt noch Asyl bekommen kann. Drittstaatenklausel, das heißt: Ein Flüchtling, der auf seiner Flucht auch nur einen Fuß auf einen anderen als den deutschen Staat, also auf einen »Drittstaat«, gesetzt hat, hat in Deutschland keine Chance mehr. Wer über einen der Nachbarstaaten nach Deutschland geflohen ist, der gilt, per Definition, in Deutschland nicht mehr als politisch verfolgt. Es zählt nur der Weg, auf dem der Flüchtling gekommen ist; auf diesen Weg wird er sofort und ohne weitere Prüfung zurückgeschickt. Dazu kommt das System der sicheren Herkunftsstaaten: Da werden bestimmte Staaten einfach per Verordnung für sicher erklärt. Wer dann von dort kommt, hat per se kaum Chancen.

Dieses deutsche Abwehrmodell ist in den vergangenen Jahren auf Europa ausgedehnt worden. Die EU praktiziert die deutschen Regeln. Und nun wird die Drittstaatenregelung quasi auf die nordafrikanischen Staaten ausgedehnt: Ein Flüchtling, der auf seiner Flucht auch nur einen Fuß in eines dieser Länder gesetzt hat (oder hätte setzen können), der wird dorthin verfrachtet – weil er in den dort errichteten Lagern und Zentren als sicher gilt.

Im November 1995, als der Bundesinnenminister Manfred Kanther (CDU) das neue Asylrecht vor dem Bundesverfassungsgericht verteidigte, schwärmte er von einem künftigen EU-Flüchtlingskonzept, von einem großen europäischen Verantwortungszusammenhang, dessen schützende Wirkung sich erst noch entfalten müsse. So versuchte er, die offensichtlichen Rechtsschutzlücken im neuen deutschen Asylrecht zu rechtfertigen. Er tat so, als seien die Lücken das Opfer, welches Deutschland für den künftigen gesamteuropäischen Flüchtlingsschutz darbringen müsse. Ein vorübergehendes Rechtsschutzdefizit müsse in Kauf genommen werden. Kanther bat die Bundesverfassungsrichter, den Entfaltungsprozess des EU-Asylrechts nicht zu stören. Die Richter gingen Kanther auf den Leim. So leisteten sie, wie sich jetzt zeigt, dem Prozess der Entfaltung europäischer Unverantwortlichkeit Vorschub.

Die italienische Politik ist ihr sichtbarster Ausdruck. Sie verfährt mit Flüchtlingen, als sei man beim Tischtennisspielen: Die Bälle werden zurückgeschmettert. Nur – die Bälle sind Menschen. Flüchtlinge werden, kaum dass sie die dem Kontinent vorgelagerte Mittelmeerinsel Lampedusa betreten haben, nach Libyen ausgeflogen. Es handele sich schließlich um »illegale Flüchtlinge«, sagte der italienische Innenminister im Jahr 2004. Nach den neuen Maßstäben gibt es aber keine legalen Flüchtlinge mehr. Flüchtlinge, die in Italien, in Europa, anlanden, gelten per Definition als illegal. Doch nicht die Flüchtlinge sind illegal, sondern die Art und Weise, wie man mit ihnen umgeht, ist illegal. In Frankreich gibt es einen korrekten Ausdruck für die angeblich illegalen Flüchtlinge: Sie heißen »sans papiers«, Menschen ohne Papiere. Erst sind diese Menschen Opfer von Schleppern, die ihnen das Geld abnehmen, dann Opfer eines Rechtsstaats, der ihnen kein Recht gewährt – und schließlich eines nordafrikanischen Staats, der die Drecksarbeit erledigt.

Als illegal könnte man einen Flüchtling allenfalls dann bezeichnen, wenn sich nach Prüfung herausstellte, dass er einen Fluchtgrund nach der Genfer Flüchtlingskonvention nicht geltend machen kann. Eine solche Prüfung findet aber nicht statt, auch nicht die vereinfachte Prüfung, wie sie für »offensichtlich unbegründete« Anträge vorgeschrieben ist. Die Beschlüsse zur Flüchtlingskonvention verlangen angemessene verfahrensrechtliche Garantien. Die Garantien, die Italien den

Flüchtlingen gibt, sehen anders aus: Flüchtlinge sollen wissen, dass sie garantiert keine Chance haben – und dass jeder, der auf Lampedusa anlandet, garantiert nach Nordafrika zurückgebracht wird. Weil die Unterscheidung zwischen politisch verfolgten Flüchtlingen und denen, die aus bitterer Not ihre Heimat verlassen, schwierig ist, werden seit geraumer Zeit alle gleich schlecht behandelt.

Leistung soll sich wieder lohnen, sagen Politiker oft. Wenn das so ist, müsste man eigentlich den wenigen Flüchtlingen, die es noch nach Deutschland schaffen, schnell Asyl gewähren – den Afrikanern zumal. Es ist eine große Leistung, nach Deutschland zu fliehen – weil das eigentlich gar nicht mehr geht, weil davor eine Vielzahl größter Hindernisse stehen: Visasperren, scharfe Grenzkontrollen, strengste gesetzliche Abweisungsmechanismen. Wer es trotzdem schafft, hat seine gesetzlich angeordnete Illegalisierung faktisch durchbrochen und eine Belohnung verdient: seine Legalisierung.

Stattdessen wird ihm eine Sammelunterkunft zugewiesen, die oft nur aus Wohncontainern besteht, wird er auf wenig Platz zusammengepfercht mit Menschen aller Nationen. Ihm wird auferlegt, sich bei Strafe nicht von dem Ort wegzubegeben, an den er plaziert wurde, egal, ob andernorts Freunde oder Verwandte aus der Heimat wohnen. Freizügigkeit gibt es für ihn nicht. Ihm ist in der

Regel verboten zu arbeiten, weil er ansonsten Deutschen oder bevorzugten Europäern den Arbeitsplatz wegnehmen könnte. Für Lebensmittel und Kleidung erhält er nach Gusto des Sozialamts Geld oder Bezugsscheine, jedoch deutlich weniger als ein Empfänger von Sozialhilfe, obwohl diese ja schon nach dem Existenzminimum bemessen ist. Das Existenzminimum für Flüchtlinge ist noch viel minimaler als das für andere Menschen. Kinder sollten Flüchtlingsfrauen tunlichst nicht bekommen. Eine Baby-Erstausstattung wie andere arme Mütter erhalten sie nämlich nicht.

Solche erbärmliche Behandlung bezweckt General- und Spezialprävention, nämlich Einsparung und Abschreckung. Das sogenannte Asylbewerberleistungsgesetz ist ein Asylbewerberleistungsverweigerungsgesetz. Zu welchen Unerbittlichkeiten die Abschreckungsbürokratie in der Lage ist, zeigte sich vor einiger Zeit in einem Fall, den glücklicherweise das Bundesverfassungsgericht auf den Tisch bekam: Eine Familie aus Bosnien-Herzegowina hatte 1997 als Opfer eines schweren Verkehrsunfalls fünfundzwanzigtausend Mark Schmerzensgeld erhalten. Daraufhin stellte die Ausländerbehörde sofort alle Sozialleistungen ein mit dem Argument, der Asylbewerber und seine Angehörigen sollten erst einmal ihr Einkommen und ihr Vermögen verbrauchen. Schmerzensgeld als Vermögen? Sollte selbst einem von Neonazis halbtot geschlagenen Flüchtling das Schmerzensgeld noch von den spärlichen Sozialleistungen abgezogen werden?

Die Behörden praktizierten eine solche Anrechnung. Begründung: Wenn der Asylbewerber das Geld behalten dürfte, würde das »Anreize« zur Einreise aus wirtschaftlichen Gründen geben; obendrein könne der Flüchtling ja womöglich seine Schlepper mit dem Schmerzensgeld bezahlen. Erst das Bundesverfassungsgericht hat diese Absurdität im Jahr 2006 beendet.

Es stimmt nicht, dass der deutsche Gesetzgeber unfähig ist, funktionierende Gesetze zu erlassen: Die Asylrechtsverschärfungsgesetze seit der Änderung des Asylgrundrechts funktionieren so gut und so scharf, dass die Zahl der Flüchtlinge, die nach Deutschland kommt, Jahr für Jahr rapide sinkt, 2006 um über 27 Prozent. Beim Verschwinden der Flüchtlinge hat auch mitgeholfen, dass die Konfliktzonen jetzt weiter entfernt sind als vor zehn, fünfzehn Jahren. 2006 jedenfalls war die Zahl der Asylbewerber so niedrig wie schon seit dreißig Jahren nicht mehr. Nur 21 029 Menschen haben in Deutschland noch Asyl beantragen können; ganze zweihunderteinundfünfzig haben den Asylstatus erhalten. Das inoffizielle Motto der Grundgesetzänderung von 1993 ist also wahr geworden: »Politisch Verfolgte erhalten Asyl – aber nicht in Deutschland.« Sie erhalten Asyl aber auch nicht in der Europäischen Union; dort ist nämlich die deutsche Rigidität Vorbild geworden. Und wenn in Brüssel doch einmal mehr Humanität obwaltet (beispielsweise bei der sogenannten Qualifikationsrichtlinie, die Schutz vor Abschiebung in bewaffnete Konflikte bieten soll), dann umgeht die deutsche Exekutive diese Richtlinie durch »Anwendungshinweise«, die den Flüchtlingen aus dem Irak oder Afghanistan diesen Schutz wieder nehmen.

Im Irak spielte sich, so sagte es der UN-Flüchtlingskommissar, das größte Flüchtlingsdrama des Nahen und Mittleren Ostens seit 1948 ab. Aber Europa wollte davon möglichst nichts mitkriegen. Bei der Sorge für Flüchtlinge geht es in der EU zu wie bei den Sieben Schwaben. Einer zeigt auf den anderen: Hannemann, geh du voran. Letztendlich drückt sich dann ein jeder. Wenn in etlichen osteuropäischen Ländern ein Asylantrag gar als Haftgrund gilt – Brüssel schert das nicht.

Asyl in Europa: Da schwimmt einer im Fluss, in einem Grenzfluss; er versucht, ans rettende Ufer zu kommen. Im Wasser patrouillieren Boote, und an beiden Ufern stehen Grenzbeamte. Sobald der Schwimmer zu nah ans Ufer kommt, drängen ihn die Boote wieder in die Mitte. Und wenn er trotzdem das eine Ufer erreicht, dann jagen ihn die Posten wieder ins Wasser zurück. Erreicht der Mann schließlich das andere Ufer, dann ruft man

ihm zu, dass er doch vorhin schon auf dem gegen-
überliegenden Ufer gestanden habe und deshalb
sein Heil dort suchen solle. Und man treibt ihn
wieder zurück ins Wasser.

Der Schwimmer ist ein Flüchtling, der Asyl in
Europa beantragen will. Und das Bild beschreibt
die Tendenzen der europäischen Asylpolitik, wie
sie sich aus den Verträgen ergeben, die von den
europäischen Regierungen geschlossen wurden.
Die einschlägigen EU-Verträge und die diversen
Rückübernahmeabkommen lesen sich so ähnlich
wie jene Vorschriften der deutschen Justizvoll-
zugsanstalten, in denen geregelt wird, welcher Gefangene wann und wie in welches andere Gefängnis »verschubt« wird. Entsprechend heißt ein
Mensch, der abgeschoben werden soll, im Beam-
tendeutsch »Schübling«. Die Verträge beschreiben, wie ein Staat Flüchtlinge, deren Asylanträge
er als offensichtlich unbegründet bewertet, möglichst schnell wieder loswird. Über die Behandlung von offensichtlich begründeten Asylanträgen
findet man kaum einen Satz.

Im August 1991 hatte sich erstmals gezeigt, was
es mit der Genfer Flüchtlingskonvention im Ernst-
fall auf sich hat – als in Süditalien Flüchtlinge aus
Albanien per Schiff gelandet waren. In den Straßen von Bari wurden sie von Soldaten gejagt, im
Sportstadium eingesperrt. Es gab kein Entkom-
men, es gab keine Zuflucht, es gab kaum Wasser

und Brot, auch nicht für Frauen und Kinder. Selbst Kriegsgefangene wären nach der Genfer Konvention besser zu behandeln gewesen. Ein Staat war in Panik. Italien reagierte, als wären die Flüchtlinge aus dem Nachbarland Verbrecher, und exerzierte ein Exempel der Abschreckung. Italien forderte die Mobilmachung der EG. Militärische Einheiten sollten in der Adria patrouillieren, um Flüchtlinge schon im Wasser abzufangen. Die Bilder von Bari zeigten freilich, wo eine solche Politik enden wird: Im Krieg gegen Flüchtlinge. Bari war das Vorgefecht. Als die zerlumpten Gestalten sich wieder auf den Rückweg machten, da herrschte Erleichterung, als sei die Schlacht auf dem Lechfeld gewonnen worden. Mittlerweile sind Technik und Personal zur effektiven Flüchtlingsabwehr an den Grenzen aufgebaut – dieses europäische Abwehrsystem trägt den martialischen Namen »Frontex«.

Im Jahr 1990 hat die ARD einen von der britischen BBC produzierten Fernsehfilm ausgestrahlt, er hieß: *Der Marsch.* Sein Ausgangsszenario: Wegen der seit sieben Jahren anhaltenden Dürre hat eine Million Menschen im Sudan ihre Dörfer verlassen. Sie suchen Zuflucht in den UN-Flüchtlingscamps. Steigende Getreidepreise und der Massenzustrom der letzten Monate, so ein Sprecher des UN-Flüchtlingshilfswerks, hätten dazu geführt, dass eine Familie mit der wöchentlichen Getreideration mittlerweile einen Monat auskommen muss. Nachdem die EU sich zu Hilfeleistungen nicht in der Lage sieht, rufen die Vereinten Nationen zu Spenden für die Hungernden in den Camps auf. Der Film, der von dieser Lage ausgeht, hat die dramatischen Bilder vorweggenommen, die nun aus den spanischen Exklaven in Marokko zu sehen sind: Flüchtlinge bestürmen die Wohlstandsfestung Europa. Er erzählt vom Aufbruch verzweifelter Menschen aus einem sudanesischen Flüchtlingslager. Angeführt von dem charismatischen Lehrer Isa El-Mahdi zieht ein zunächst kleiner Treck in Richtung Europa: »Wir haben keine Macht außer der, zu entscheiden, wo wir sterben wollen. Alles, was wir verlangen, ist: Seht uns sterben!«

Auf dem Weg zur marokkanischen Küste schwillt das Heer der Hoffnungslosen auf Hunderttausende Menschen an. Der Marsch wird zum Medienereignis, die EU-Kommissarin verhandelt mit El-Mahdi: »Als ich klein war, sagte man uns: ›Wenn ihr studiert, werdet ihr eines Tages auch reich.‹ Ich studierte hart. Ich arbeitete hart. Doch mein Land wurde arm und ärmer. Eines Tages hatten wir gar nichts mehr. Warum habt ihr so viel und wir so wenig? Seid ihr bessere Menschen? Es heißt, ihr in Europa habt viele Katzen. Es heißt, eine Katze kostet mehr als 200 Dollar im Jahr. Lasst uns nach Europa kommen als eure Haustiere. Wir können Milch trinken. Wir können vor dem Feuer liegen, wir können eure Hand lecken. Wir können schnurren – und wir sind viel billiger zu füttern!«

Das Publikum wurde seinerzeit vor der Ausstrahlung dieses Films beruhigt: Man solle sich keine Sorgen machen, es handele sich um eine erfundene Geschichte. Doch aus der Fiktion wird Realität. Der Hochkommissar für Flüchtlinge hat 2006 in einem dramatischen Appell darauf hingewiesen, dass die Essensrationen für vierhunderttausend Flüchtlinge in Tansania wegen fehlender Finanzmittel drastisch reduziert werden müssen.

Im Film endet die Geschichte damit, dass sich die Armee der Habenichtse und das Militär des Westens gegenüberstehen. Man weiß nicht, wie die Konfrontation weitergeht, man weiß nicht, wie sie endet. Feuer frei auf die Elenden?

»Unsere Menschlichkeit entscheidet sich am Schicksal Afrikas«, sagt Bundespräsident Horst Köhler. Das heißt: Die EU muss aufhören damit, den neuen Eisernen Vorhang immer weiter auszubauen. Sie muss politisch Verfolgten wieder Schutz bieten, sie muss Zuwanderern eine quotierte Chance geben. Es bedarf gewaltiger friedenspolitischer Initiativen und gewaltiger Anstrengungen für die Opfer von Hunger und Not. Die Entwicklungspolitik der europäischen Staaten sollte damit aufhören, ihre finanziellen Mittel über den ganzen Schwarzen Kontinent zu verträpfeln. Jedes EU-Land sollte sich zum Paten für bestimmte afrikanische Länder erklären. Eine Geberkonferenz sollte klären, wer wohin gibt. Noch ist es so, dass die Europäische Union durch die Protektion heimischer Bauern mehr Geldzuflüsse nach Afrika verhindert, als sie an Entwicklungshilfe gibt. Fluchtursachenbekämpfung verlangt zuallererst das Eingeständnis, dass die Armen am Reichtum der Reichen verhungern.

Der Einwand gegen die einschneidenden Konsequenzen lautet so: Kann die Dritte Welt wirklich das Niveau der Ersten erreichen? Das soll heißen: Der Lebensstandard der Ersten Welt ist nicht globalisierungsfähig. Solche Äußerungen sind gefährlich; sie sind die tollste Ausrede, um mit der Ausbeutung der Dritten Welt so weiterzumachen wie bisher. Wer so argumentiert, der will die Ungleichheit ad infinitum fortschreiben und die unterentwickelten Länder als Natur- und Kulturreservate der hochentwickelten Ersten Welt erhalten. Wer so argumentiert, provoziert Terrorismus.

6. Kapitel

Unmensch, Untat, Unrechtstat: eine kleine Geschichte des Strafens

Die Strafe ist der Seismograph der Gesellschaft. Die Strafe ist aussagekräftiger für den gesellschaftlichen und rechtlichen Zustand eines Gemeinwesens als jedes andere Rechtsinstitut. Was der Jurist Rudolf von Ihering 1867 festgestellt hat, gilt immer noch: »Auf dem ganzen Gebiete des Rechts gibt es keinen Begriff, der an culturhistorischer Bedeutung sich nur von ferne mit dem der Strafe messen könnte, kein anderer ist so wie er das getreue Spiegelbild der zeitlichen Denk- und Empfindungsweise eines Volks, der Höhenmesser seiner Gesittung, kein anderer macht so wie er alle Phasen der sittlichen Entwicklung eines Volkes mit durch, weich und biegsam wie Wachs, in dem jeder Eindruck sich ausprägt.« Der Gelehrte glaubte allerdings auch, »die Geschichte der Strafe sei ein fortwährendes Absterben derselben«. Da hat er sich getäuscht. Die Geschichte des Strafens besteht aus langen Zeiten der Flut und aus vergleichsweise kurzen Zeiten der Ebbe. Die westlichen Gesellschaften befinden sich in einer Zeit ansteigender Flut.

Die Zeit der Liberalisierung des Strafrechts ist nicht nur in Deutschland vorbei, das simple Motto des einstigen britischen Premiers John Major »to condemn more and to understand less«, mehr zu verurteilen und weniger Verständnis zu zeigen, gilt in allen westlichen Demokratien, die Arbeitspapiere der Kommissionen zur Entkriminalisierung sind in den hinteren Regalen der Archive verschwunden, die »Punitivität«, wie die Juristen sagen, also die Straflust, nimmt zu; das Pendel der Kriminalpolitik schwingt weit aus in Richtung Strafverschärfung.

Vor dreißig Jahren wurde heftig darüber diskutiert, die Massen- und Bagatellkriminalität anders, nämlich unterhalb der Ebene des Strafrechts, zu sanktionieren, sie zu einer Ordnungswidrigkeit zu machen. Kandidaten für solche Entkriminalisierung waren der Ladendiebstahl, die Beförderungserschleichung, der Haschischbesitz und Haschischkonsum. Jetzt heißt die Devise »zero tolerance«, und es steht die Bestrafung des Nikotinkonsums vor der Tür. In politischen Debatten ist die Forderung nach drakonischer Bestrafung von Jugendlichen zum Topthema geworden; zur Lösung des Problems Jugendgewalt wurde von dem wahlkämpfenden hessischen Ministerpräsidenten Roland Koch vorgeschlagen, das Jugendstrafrecht künftig schon auf Zwölfjährige anzuwenden.

Dabei sind die Gefängnisse voll wie schon lange nicht mehr. Deutschland sperrt mehr Menschen ein als die meisten europäischen Länder. Auf hunderttausend Einwohner kommen hierzulande sechsundneunzig Gefangene; noch mehr sind es nur in Großbritannien, Spanien und Portugal. Die USA kommen mittlerweile auf die aberwitzige Zahl von achthundert Gefangenen pro hunderttausend Einwohner. Der Staat hat das soziale Netz zerschnitten und durch Gefängnisgitter ersetzt. Die Lobredner des US-Systems verweisen auf einen Rückgang der Kriminalität. In der Tat: Solange einer hinter Gittern sitzt, kann er draußen keine Straftaten begehen. Und nachher? Der Kriminologe Michael Lindenberg hat einmal ausgerechnet, dass, würde die lineare Inhaftierungsquote in den USA weiter wie bisher ansteigen, im Jahr 2050 die Hälfte der US-Bürger hinter Gittern säße und von der anderen Hälfte der Bevölkerung bewacht würde.

Früher hieß das Gefängnis »Loch«. In der Politik wächst die Lust darauf, dem alten Namen wieder zweifelhafte Ehre zu geben: mehr einlochen, weniger resozialisieren. Das Kölner Loch war ein Kerker der Inquisition. Das Nürnberger Loch war das Gefängnis des Heiligen Römischen Reichs Deutscher Nation. So ein Loch war billig, die Möblierung erschwinglich. Ein eiserner Haken und ein dicker Strick, an dem der Gefangene hinuntergelassen wurde, genügten. Wieder heraufgezogen wurde der Mensch selten. Bewachung war nicht nötig, Versorgung unerwünscht. Zum Überleben taugte so ein Loch nicht. »Vade in pace«, sagte man dem Gefangenen vor der Falltür des Lochs im Kloster von Sens in Frankreich, »gehe hin in Frieden«. So war also dann der Fall erledigt, zwei Stockwerke tiefer. Einsperren mit Überleben war teuer, ein Privileg für die Vornehmen. Das hat sich zwar geändert. Doch ein Loch ist das Gefängnis im Sprachgebrauch bis heute geblieben.

In Amsterdam kam man vor vierhundert Jahren darauf, Bettlern, Vagabunden und Hochstaplern in geschlossenen Häusern Zucht beizubringen: mit Arbeit und Prügeln, Gottesdienst und Unterricht. Erziehen und bessern hieß die revolutionäre Devise. Das Projekt war teurer als ein Loch, setzte aber Maßstäbe. Das Arbeitshaus wurde Vorbild, es wurde Zuchthaus, es wurde Justizvollzugsanstalt. Statt der Prügel und des Lochs kamen Pädagogen und Psychologen. Die Resozialisierung hielt Einzug – und wird seitdem bekämpft von denen, die für mehr Sühne, Härte, Sicherheit plädieren und nicht sehen wollen, dass Sozialisierung oder Resozialisierung ein großer Beitrag zur Sicherheit ist. Zum besten Schutz vor Straftaten gehört ein gebesserter Straftäter.

Die Tür zu einer Gefängniszelle sieht oft so aus wie die Öffnung zu einem großen Eisschrank. Wenn es schlecht läuft für die Gesellschaft und den Strafgefangenen, dann geht es im Gefängnis auch so eisig zu: Der Insasse wird quasi eingefroren und nach Ablauf der Haftzeit wieder aufgetaut und entlassen. Der Gefrierschock ist das Übel, das dem Häftling als Quittung für seine Tat zugefügt wird. Das Übel für die Gesellschaft aber besteht dabei darin, dass der Häftling beim Wieder-Herauskommen lebensuntüchtiger und aggressiver ist als beim Hineinkommen. Das Strafvollzugsgesetz der Bundesrepublik, es trat am 1. Januar 1977 in Kraft, wollte das ändern. Richtig geklappt hat es nicht. An den hohen Rückfallquoten hat sich nicht sehr viel geändert, in die Resozialisierungsprojekte wurde nicht so sehr viel Geld investiert.

Das wird wohl eher noch schlechter werden, denn seit der Föderalismusreform kann jedes deutsche Bundesland seinen Strafvollzug nach eigenem Gusto machen. In Hamburg wurden die selbständigen sozialtherapeutischen Anstalten zugemacht; in Niedersachsen haben Gefangene keinen Anspruch auf eine Einzelzelle mehr, Begründung:

zu teuer; in Hessen wird den Gefangenen immer weniger Urlaub gewährt; Urlaub aus der Haft ist freilich kein Ausdruck von Humanitätsduselei, sondern gehört zur vernünftigen Vorbereitung auf die Entlassung. Und Überbelegung ist nicht nur rechtswidrig, sondern führt, wie der Strafrechtler Eberhard Schmidt sagt, zu »sittlicher Depravierung und krimineller Infektion«. Von der gesetzlichen Übergangsregelung aus dem Jahr 1977, dass bis zu acht Gefangene in einem Haftraum untergebracht werden dürfen, wird ohnehin bis heute Gebrauch gemacht.

Vor Jahrzehnten hatte ein Bundespräsident, es war Gustav Heinemann, vom »Staatsbürger hinter Gittern« gesprochen. Und das Reformgesetz von 1976/77 spricht davon, dass das Leben hinter Gittern »den allgemeinen Lebensbedingungen so weit als möglich angepasst« werden soll. Auch die Begründung dafür steht im Gesetz: Der Gefangene solle »im Vollzug der Freiheitsstrafe fähig werden, künftig in sozialer Verantwortung ein Leben ohne Straftaten zu führen«. Das lernt man, so dachten die Reformer, nicht als entmündigter Sträfling; das lernt man durch Ausbildung, Arbeit, Therapie, durch Behebung von Defiziten, durch Resozialisierung also. Das war ein großes Ziel, eine Vision – eine Utopie, sagten manche. Eine Vision, die in einem acht Quadratmeter großen Wohn-Ess-Schlaf-Klo Wirklichkeit werden soll? Und wie geht denn

Resozialisierung, wenn einer noch nie sozialisiert war?

Es ist freilich besser, sich nach Utopien zu recken, als Sätze zu formulieren, wie sie das Berliner Kammergericht noch 1965 formuliert hat: Uneingeschränkt, so das Urteil, stünde den Gefangenen nur noch ein Recht auf Leben und körperliche Unversehrtheit zu. Bei einem solchen Satz würde heute das Bundesverfassungsgericht rebellisch werden: Es hat dem Resozialisierungsgebot verfassungsrechtlichen Rang gegeben und sich auf die Menschenwürde berufen. Die verfassungsrechtliche Durchdringung des Strafvollzugs war eine große Kulturleistung der vergangenen drei Jahrzehnte. Das höchste Gericht hat den Gesetzgeber verpflichtet, wirksame Resozialisierungskonzepte zu entwickeln. Resozialisierung ist nämlich nicht nur verbindlich, sondern vernünftig.

Der bloße Verwahrvollzug, Methode Eisschrank, ist billig und hat den Ruf der Härte. Das gefällt vielen Politikern und Wählern. Das war schon in den siebziger Jahren so, als den sozialliberalen Reformern vorgeworfen wurde, in den Gefangenen einen Ersatz für die »unterdrückte Klasse« zu sehen. Die Reform von 1976/77 wurde seinerzeit bald vom RAF-Terrorismus beschwert und blockiert: Die Inhaftierung der ersten Terroristen Ende der siebziger Jahre belastete zunächst die betroffenen Gefängnisse, später den gesamten Strafvollzug.

Das Hauptaugenmerk galt der schnellen Sicherheit, den verschärften Haftbedingungen; anderes hatte zurückzustehen. Statt mit Fenstern wurden die Haftzellen mit Betonsichtblenden versehen. Solches Denken prägt den Strafvollzug heute mehr denn je. Schärfere Strafen und Haftbedingungen gelten als Ausweis für zupackende Rechtspolitik.

Das liegt auch daran, dass die öffentliche Darstellung von Gewalt so gewalttätig ist. Der Sexualmörder ist, obwohl die Gewaltkriminalität stark zurückgegangen ist, zum Prototyp des Gefängnisinsassen geworden; neben ihn tritt der Terrorist. Wer aber beim Wort »Gefängnis« an dieses Promille der Häftlinge denkt, an potentielle Kandidaten für Sicherungsverwahrung also, der denkt nicht zuvorderst an Resozialisierung. Er kommt dann auch schnell zum Ergebnis, dass ein billiger Strafvollzug besser sei als ein humaner; und er greift zu einer ursprünglich US-amerikanischen Idee: zur Privatisierung der Gefängnisse. Der Wachmann von der Schließgesellschaft m.b.H. ist billig: Er macht die Türe auf, und er macht die Türe zu. Da braucht es kein geschultes Personal, keine Besuchsregelungen mehr, keine Therapie, keine Entlassungsvorbereitung und anderes liberales Zeug. Dann wird aus dem Gefängnis wieder eine Art Zuchthaus. Aber so bestraft die Gesellschaft nicht nur den Straftäter, sondern auch sich selbst. Vade in pace.

Die Haftanstalt ist das klassische Symbol der Freiheitsbeschränkung. Insofern ist die neue Lust aufs alte Gefängnis symptomatisch für die galoppierende Tendenz der Politik, Sicherheit zu Lasten der Freiheit herzustellen. Der 11. September 2001 hat diese Tendenz nicht begründet, aber verstärkt und verschärft. Diese Tendenz manifestiert sich im Straf- und im Polizeirecht, im Ausländer- und Asylrecht; sie manifestiert sich in dem Bestreben, die modernen Großrisiken schon durch Kriminalisierung im Vorfeld zu erfassen, also nicht erst die Verletzung eines konkreten Rechtsguts zu bestrafen, sondern schon die bloße Gefährdung umfassend angelegter Schutzobjekte – sei es die »Volksgesundheit« oder die »Funktionsfähigkeit des Subventionswesens«. Im Strafrecht wurden und werden die verbotenen Bereiche ausgedehnt, zugleich die Strafdrohungen erhöht, die Nachweise für die Strafbarkeit erleichtert und die Verteidigungschancen reduziert. Das abstrakte Gefährdungsdelikt ist im modernen Strafgesetz der bevorzugte Deliktstypus geworden: man braucht da, um bestrafen zu können, nicht mehr den Nachweis eines Schadens und einer vorwerfbaren Handlung, die diesen Schaden verursacht hat, es genügt der Nachweis einer Handlung, die als gefährlich verboten wurde.

Das Strafrecht wird vom Gesetzgeber nicht mehr als Ultima, sondern als Prima Ratio verstanden, als generalpräventives staatliches Lenkungsinstrument mit weiten Anwendungsspielräumen, zur Einwirkung gleichermaßen auf Hooligans wie Umweltsünder; es wird deshalb auch bei den Ermittlungsmaßnahmen breit gestreut. Es wird wie eine Gesellschaftsmedizin gebraucht, als Schmerz- und Beruhigungsmittel bei allen Reizdelikten: Strafrecht als Aspirin der Risikogesellschaft; zu Risiken und Nebenwirkungen befragen Sie Ihren Kriminologen. Das immer weiter ausgreifende Strafsystem kommt freilich andererseits den sozial gut eingegliederten, finanziell gutgestellten oder sonst privilegierten Straftätern bei Höhe und Ausgestaltung der Strafe entgegen: Da gibt es den Deal; der kann in besonderen Fällen mittels elektronisch überwachten Hausarrests auch das Gefängnis ersparen.

Es gibt ein Hauptkennzeichen für ein modernes, aufgeklärtes Strafrecht: Es straft die Tat. Der Täter wird zur Rechenschaft gezogen nicht dafür, dass er schlecht ist; er wird nicht verfolgt und bestraft für seine Gefühle, seine Gedanken, seine schwarze Seele, nicht für ein suspektes Leben, für seine angebliche Verderbtheit, er wird nicht bestraft für die dunklen Kräfte, die echt oder vermeintlich in ihm stecken oder von ihm Besitz ergriffen haben; er wird nicht verfolgt als Inkarnation oder Werkzeug des Bösen, nicht als Träger einer Gefahr, sondern als Verursacher eines Schadens, den er einem anderen zugefügt hat, als Verantwortlicher für sein Handeln. Ein modernes, aufgeklärtes Strafrecht ist ein Strafrecht für Menschen; und ein modernes, aufgeklärtes Strafrecht behandelt sie als Menschen, auch wenn sie Straftäter, auch wenn sie Verbrecher sind.

Das Strafrecht ist ein Recht für Menschen – das ist nicht so banal und selbstverständlich, wie es klingt. In langen Zeiten der Geschichte war das Strafrecht ein Instrument gegen das Böse, das mit allen Mitteln aufgespürt werden musste, am besten bevor es zuschlug. Man hat sich Verfahren ausgedacht, die dem Bösen verfallenen Täter, die Un-Menschen (die ja zugleich auch Opfer des Bösen waren) zu erkennen – man brauchte sie nur zu foltern: Ertrugen sie die Schmerzen, dann erwiesen sie sich als gut; die wirklich Bösen brachte man so zum Eingestehen der Bosheit und befreite damit ihre gequälte Seele vom Bündnis mit dem Bösen.

Diese Geschichte vom Strafrecht als Kampf gegen das Böse klingt nicht nur nach, sondern wacht immer wieder auf. Nicht nur dann, wenn in Massenblättern von der »Bestie«, vom »Scheusal«, vom »Dämon« in Menschengestalt die Rede ist, von Menschen also, die eigentlich keine Menschen seien, Un-Menschen also – Sexualverbrecher, Hooligans, Terroristen. Sondern auch dann, wenn Außenpolitiker vom »Kreuzzug gegen das Böse« und

von der »Achse des Bösen« reden und wenn Innenpolitiker den Staat in einen Präventionsstaat
verwandeln wollen. Die Geschichte vom Bösen,
das man in Gestalt von bösen Menschen hassen
und vernichten will, ist nie ganz abgeschlossen.
Die Aufklärung muss man sich immer wieder neu
erarbeiten; jede Gesellschaft besitzt sie erst dann,
wenn sie sich diese wieder erarbeitet hat.

Weil die vermeintlichen Un-Menschen aber wie
Menschen aussehen, hat das ganz alte Recht nach
Kriterien für die Unterscheidung gesucht, nach
Kriterien für die Unterscheidung zwischen möglichen und unmöglichen Menschen; und es fand
Sicherheit für ein womöglich todbringendes Urteil
in Gott und seinen Heiligen: So kam es zu den Verfahren, in denen Gott über einen Straftäter sein
Urteil spricht durch die Gottesurteile des bren-
nenden Eisens, des kalten Wassers oder des Zwei-
kampfs, wie es uns in Richard Wagners Oper *Lohengrin* überliefert ist. Der Bielefelder Rechtshistoriker Wolfgang Schild hat dazu einen klugen
Aufsatz geschrieben. Und als dann gegen Ketzer
und Hexenleute vorzugehen war, wurden sie den
Hochverrätern gleichgestellt, denen gegenüber
die Verfolgungsbehörden seit je, schon im römischen Recht, außergewöhnliche Freiheiten hatten.
Man wollte bei ihnen nicht darauf warten, dass
sich Verrrat und Besessenheit in einer Tat, in
einem Verbrechen äußert; man suchte also den

Gefahrpersonen das Böse schon vorher, buchstäblich und körperlich zu entreißen: Deshalb klaubte man jedes Gerücht auf und glaubte diesem auch, deshalb stellte man peinliche Fragen, deshalb marterte man die Menschen auf der »Fragstatt« notfalls bis zur Tötung des Leibes, um die Seele zu retten und damit den Hingerichteten wenigstens »für das ewige Zusammenleben zu sozialisieren«, wie das Wolfgang Schild formuliert hat. Dieses Strafrecht richtete sich als Gesinnungsstrafrecht gegen die Feinde der göttlichen und der menschlichen Ordnung, die äußerlich unauffällig, innerlich aber gefährlich, somit Wölfe im Schafspelz waren. Sie wurden verfolgt und gefoltert zur Ehre und Besänftigung Gottes und zum Wohl der ganzen Menschheit.

Die Aufklärung erkannte, dass sich der Staat bei der Strafverfolgung auf die äußere Sphäre beschränken muss, auf die Verantwortlichkeit des Menschen für seine Entäußerungen, auf sein Handeln also. Die Aufklärung erkannte, dass sich der Staat nicht mit inneren Bösartigkeiten und Sündhaftigkeiten befassen kann und darf. Die Versöhnung Gottes als Strafzweck verschwand. Die Strafzwecke wurden säkularisiert, und das Strafwürdige wurde greifbarer: Strafwürdig war nur mehr eine äußere Handlung, die die staatlich gesetzte Rechtsordnung bricht. Aus dem Gesinnungsstrafrecht wurde ein Tatstrafrecht, das im Lauf seiner

Entwicklung auch auf die Person und die persönliche Situation des Täters achtete und die individuelle Schuld daran maß.

Die Lehre vom Gesellschaftsvertrag, die von Hobbes, Rousseau und Locke, den Philosophen der Aufklärung, erfunden und entwickelt wurde, funktioniert so: Im Fall eines Konflikts, wenn also ein anderer unerlaubt in die eigene Freiheitssphäre eindringt, soll der Mensch auf sein Faustrecht verzichten – er überträgt es auf einen neutralen Dritten, auf den Staat, der die Lösung des Konflikts übernimmt. Der Staat muss dann ein Rechtsverfahren durchführen, das nur die Straftat thematisiert, den darin liegenden Bruch der notwendigen Ordnung aufdeckt und diesen bestraft.

Im Umgang mit dem Straftäter soll sich nämlich die Bedeutung von Freiheit und Sicherheit zeigen. Sicherheit bedeutet hier Rechtssicherheit und die genaue Beachtung der Garantien der Gesetze. Montesquieu hebt in diesem Zusammenhang das Recht auf rechtliches Gehör hervor, die Unschuldsvermutung und die Bestrafung falscher Anschuldigungen. In heutigen Worten: Rechtsstaatliche Grundsätze schaffen Sicherheit. In einem Staat, der solche, der die bestmöglichen Gesetze erlässt und sich daran hält, sei, so schreibt Montesquieu, ein Angeklagter und rechtmäßig Verurteilter, selbst wenn er am nächsten Tag gehängt werden sollte, freier noch als ein Pascha in der Türkei.

Als der deutsche Kriminalist Karl Friedrich Hommel im Jahr 1765 am kursächsischen Hof einen Vortrag hielt, in dem er das geltende Strafrecht kritisierte und sich zum Anwalt der Abschaffung der Todesstrafe und der »übertrieben harten Gesetze« machte, »schüttelte man die Köpfe«, wie er selbst berichtet. Einer habe dem anderen ins Ohr gesagt: »Wenn die Folter, wenn die Lebensstrafen abgeschafft werden sollten, so sei des Nachts niemand sicher, über die Straße zu gehen, aus Furcht, erschlagen zu werden.« Die Folter wurde gleichwohl abgeschafft, die Todesstrafe auch, das Strafrecht wurde gebändigt – und das Leben trotzdem sicherer. Doch die Furcht blieb.

Sie kann blind machen, sie kann allzu leicht vergessen lassen, warum die Menschen sich ihres Verstandes bedient, warum sie Rationalität in die Irrationalität des Drohens und Strafens gebracht haben und wie sie menschlicher, göttlicher und staatlicher Willkür entrinnen wollten: Erstens durch Anerkennung der staatlichen Gewalt zur Konfliktschlichtung und zur Sicherung des inneren Friedens. Zweitens durch Aufteilung und damit Zügelung dieser Gewalt auf drei Staatsorgane, auf Legislative, Exekutive und Jurisdiktion. Drittens durch Begrenzung dieser Gewalt mit Hilfe des Rechts. Dadurch war und ist der Staat selbst dem Recht unterworfen und soll damit seinen Bürgerinnen und Bürgern durch »die Gewissheit der gesetzmäßigen Freiheit« Sicherheit geben; so hat das Wilhelm von Humboldt 1792 beschrieben in seinem Traktat *Ideen zu einem Versuch, die Grenzen der Wirksamkeit des Staates zu bestimmen.* Darum könne zur Erhaltung der Sicherheit »das nicht notwendig sein, was gerade die Freiheit und mithin auch die Sicherheit aufhebt«. Das gilt unverändert.

»Eine Gesellschaft, in der die Verbürgung der Rechts nicht gesichert und die Gewaltenteilung nicht festgelegt ist, hat keine Verfassung«: So lautet kategorisch der rechtsstaatliche Appell, aufgestellt in Artikel 17 der Erklärung der Menschen- und Bürgerrechte von 1789. Sie enthielt einen ganzen Strauß von Grundsätzen, zusammengebunden zum Kanon rechtsstaatlichen Handelns: das Willkürverbot, das die strikte Bindung allen staatlichen Handelns an die Gesetze verlangt; das Bestimmtheitsprinzip, das klar umrissene Strafnormen postuliert, damit der Bürger erkennen kann, welches Handeln unter Strafe gestellt ist, und sich darauf einstellen kann; der Verhältnismäßigkeitsgrundsatz, der nur dort Freiheitsbeschränkung und Freiheitsentziehung zulässt, wo die Belange anderer oder des Gemeinwohls, deretwegen sie erfolgen, schwerer wiegen als der Verlust der Freiheit; das Rückwirkungsverbot, das die Bestrafung einer Tat verbietet, die bei ihrer Begehung noch nicht gesetzlich unter Strafe gestellt war; die Unschuldsvermutung, die verlangt, dass Schuld nachgewiesen werden muss und nur aufgrund eines fairen gerichtlichen Verfahrens festgestellt werden darf; das Ultima-Ratio-Prinzip, welches das Strafen und Einsperren von Menschen erst als allerletzte Möglichkeit erlaubt, wenn andere Mittel nicht greifen.

Alle Maximen für staatliches Handeln wurden beiseitegeräumt, als Adolf Hitler und seine willigen Juristen kamen. Sie installierten die Folter wieder, ein Jahrhundert nachdem das letzte deutsche Land (die damalige Markgrafschaft Baden) sie abgeschafft hatte. Sie mordeten per Gesetz; Deutschland und später das von der Wehrmacht besetzte Europa wurde zum Raum der bürokratisierten Rechtlosigkeit. Das Grundgesetz fußt auf dieser furchtbaren Erfahrung – es ist deshalb dort die »Würde des Menschen« als Grundstein von Staat und Gesellschaft eingesetzt worden. Der Parlamentarische Rat schrieb die Grundrechte an vorderster Stelle ins Grundgesetz; er wollte so ein Zeichen dafür setzen, dass zu einem Rechtsstaat deren Bewahrung und Schutz gehört und dass sie nicht nur Freiheitsrechte verbürgen, sondern Werte beinhalten, von denen sich der Gesetzgeber leiten lassen muss; so hat dies das Bundesverfassungsgericht 1958 in seinem berühmten Lüth-Urteil zum Ausdruck gebracht: Auf eine Verfassungsbeschwerde des Hamburger Senatsdirektors

Erich Lüth hin stellte es fest, dass die Grundrechte nicht nur Abwehrrechte gegen den Staat darstellen, sondern eine »objektive Wertordnung« konstituieren. Und im Artikel 20 Grundgesetz haben die Mütter und Väter des Grundgesetzes den Staat auf die Rechtsstaatlichkeit verpflichtet, damit er »zugleich im Recht steht und durch das Recht legitimiert wird«; so hat das Gerhard Leibholz gelehrt, der von 1951 bis 1971 Bundesverfassungsrichter war.

»In der Abwehr des Terrorismus muss der Rechtsstaat bereit sein, bis an die Grenzen des Rechtsstaats zu gehen« – so Horst Herold, der Präsident des Bundeskriminalamts in der RAF-Zeit, gegenüber dem Autor –, »stets mit dem Vorbehalt, zulässige Maßnahmen in ihrem praktischen Ausmaß zu dosieren, wenn sie psychologisch abträglich sind oder aus anderen Gründen mehr Schaden als Nutzen bringen.« Das klingt so, als ob Herold dem Staat fast alles erlauben möchte. Doch dann macht der alte Polizist, wohl der genialste, den Deutschland je hatte, eine fundamental wichtige Einschränkung: »Um dem Terrorismus kein weiteres Terrain zu überlassen, ist der Staat von vornherein gezwungen, feste, von keiner Seite überschreitbare Grenzlinien des rechtsstaatlich Möglichen zu ziehen.« Daran fehlt es.

Sicherlich: Nicht alle Regeln, die zum Repertoire des Rechtsstaats gezählt werden, sind eherne

Gesetze. Das Recht muss sich auf die Probleme, Risiken und Gefahren seiner Zeit einstellen, es muss darauf reagieren, um tauglich zu bleiben zur Problem- und Konfliktlösung. Doch der Staat muss dabei sein rechtliches Rüstzeug auf die Grundrechte und Grundwerte ausrichten. Was also ist gemeint, wenn das Bundesverfassungsgericht sagt: »Die Balance zwischen Freiheit und Sicherheit darf vom Gesetzgeber neu justiert, die Gewichte dürfen jedoch von ihm nicht grundlegend verschoben werden«?

Grundlegend – grundlegend ist die Achtung, die jedem Menschen um seiner selbst willen geschuldet wird, sei er Täter oder Opfer. Grundlegend ist die Behandlung jedes Menschen als Subjekt, das nur für sein Tun, nicht für sein Dasein verantwortlich gemacht werden kann. Grundlegend ist die Wahrung der Menschenwürde. Sie ist die absolute Grenze der Wirksamkeit des Staates, von der Wilhelm von Humboldt gesprochen hat. Sie verbietet die Folter kategorisch. Sie verbietet die Preisgabe von Menschenleben kategorisch. Sie verbietet die anlasslose Einkerkerung von Menschen kategorisch. Sie verbietet kategorisch Geheimgefängnisse, wie sie der amerikanische Geheimdienst CIA in Polen und Rumänien eingerichtet hat. Sie verbietet eine Politik, die sich weder vom Kriminalitätsrecht noch vom Kriegsrecht Beschränkungen auferlegen lässt, weil sie das »Böse« zu bekämpfen wähnt. Sie verbietet eine Regression des Rechts von historischem Ausmaß. Sie wehrt sich gegen ein neues Mittelalter des Rechts.

Der Rechtsstaat ist in Gefahr, aber das Rettende wächst auch. Siebzigtausend Bürgerinnen und Bürger haben sich in Deutschland als Befürworter einer Verfassungsbeschwerde gegen das Gesetz zur Vorratsdatenspeicherung registrieren lassen, fünfundzwanzigtausend haben eine Prozessvollmacht unterschrieben. Einen solchen Ansturm hat das höchste deutsche Gericht noch nie erlebt. Es gibt eine neue Sensibilität dafür, dass der Datenschutz nicht Daten schützt, sondern die Personalität und Intimität. Ein neues Grundrechtsbewusstsein entsteht; der Widerstand gegen den politischen Verzehr der Bürgerrechte und den staatlichen Raub der Privatheit nimmt zu.

Ort des Widerstands waren in den vergangenen Jahren in den Staaten der westlichen Welt die höchsten Gerichte – vor allem das deutsche Bundesverfassungsgericht, das in eindringlichen Entscheidungen den Ausverkauf rechtsstaatlicher Grundsätze zu verhindern versucht hat. Es hat seinem Beruf, Hüter der Verfassung zu sein, Ehre gemacht: In Karlsruhe sitzt, sozusagen, die Nervenheilanstalt der Republik, dort werden politische Psychosen verarztet und die Aufgeregtheiten des Regierungsbetriebs abgekühlt.

Wenn man nach einem Symbol der Zivilgesellschaft sucht, dann findet man dieses Symbol in Karlsruhe. Solange es der Politik nicht gelingt, das Verfassungsgericht zu usurpieren, gibt es gute Hoffnung. Es stimmt, was der Altliberale und frühere Bundestagsvizepräsident Burkhard Hirsch sagt: Der Bürger hat Anspruch auf ein Parlament und eine Regierung, die dieselbe Nervenstärke und dasselbe Rechtsbewusstsein haben wie die Richter in Karlsruhe; dazu den gleichen selbstbewussten Stolz auf unsere Rechtsordnung und den festen Willen zu ihrer Verteidigung.

Wie viel Zuversicht darf man haben? Am 27. März 2007 wurde die frühere RAF-Terroristin Brigitte Mohnhaupt, Mörderin von Generalbundesanwalt Siegfried Buback, aus der Justizvollzugsanstalt Aichach entlassen – nach 24 Jahren Haft. Sie war das zwanzigste zu lebenslanger Haft verurteilte RAF-Mitglied, das freigelassen wurde. In diesen Entlassungen, in diesen Akten der Menschlichkeit von Staats wegen, zeigt sich die Stärke dieses Staates viel eindrucksvoller als in allen Gesetzesverschärfungen. Der Staat, den Mohnhaupt so hasste, hat diesen Hass nicht vergolten. Dieser Staat hat die verdiente Strafe vollstreckt, aber er war dabei nicht unerbittlich. Die kleine und große Gnade für langjährig inhaftierte RAF-Mitglieder gehört zu den Gründen, auf dieses Land stolz zu sein: Das angebliche Schweinesystem, wie es von der RAF tituliert wurde, hat sich als großzügig und gnädig erwiesen. Diese Geschichte der Haftentlassungen lässt hoffen: hoffen darauf, dass der Staat Terroristen weiterhin als Straftäter und Menschen, nicht als »Feinde« außerhalb der Rechtsordnung zu behandeln gedenkt; und hoffen darauf, dass sich der Staat sein Handeln nicht von Terroristen diktieren lässt.

Schluss
Recht sichert Freiheit

Die Sicherheitsapparate eines Polizeistaats dürfen alles, was sie können. Die Sicherheitsapparate eines Rechtsstaats können alles, was sie dürfen. Sie dürfen und können ziemlich viel, aber das hat eine Grenze. Das galt vor dem 11.September 2001 so, und das muss auch nachher so sein. Diese Grenze zu zeigen ist die Aufgabe der Politik der Inneren und Äußeren Sicherheit, die Aufgabe des Bundesverfassungsgerichts, die Aufgabe der ganzen Gesellschaft. Und diese Grenze zu befestigen – das ist Prävention.

Politiker wie Bundesinnenminister Wolfgang Schäuble stellen, wenn es um Terrorbekämpfung geht, alles in Frage, statt die alles entscheidende Frage zu stellen: Wo ist der Rubikon? Welche Linie darf auch in Zeiten der allergrößten Not nicht überschritten werden?

Die Antwort darauf ist wichtig schon für den Alltag der Legislative, der Exekutive und der Judikative, weil diese Antwort jeweils bei den Reaktionen auf Vergehen und Verbrechen aufzeigt, wo man damit im Spektrum des überhaupt Möglichen steht.

Und diese Antwort ist bitter notwendig, weil sie dann, wenn ein terroristischer Anschlag die Gesellschaft schüttelt, nur noch sehr schwer zu finden ist. Dann tritt an die Stelle der sicher geglaubten Freiheit ganz schnell eine freie Sicherheit, eine Sicherheit, die wie mit einer Walze alles plattmacht – und behauptet, auf der gewalzten Fläche wachse dann schon wieder etwas (so lange, bis die Walze wieder rollt). Sicherheit rollt nicht der Freiheit voraus. Sicherheit ist die gut ausbalancierte Freiheit aller.

Wir erleben schon lange, wie aus einem Strafrecht, das ein »Verbrechensbekämpfungsbegrenzungsgesetz« war, ein »Verbrechensbekämpfungsentgrenzungsgesetz« wird; das Strafrecht löst sich in Kriminalpolitik auf: Rechtsstaatliche Konturen sind undeutlich geworden, menschenrechtliche Grundsätze verschwimmen. Sollte es in Deutschland einen Terroranschlag geben, »werden wir eine Hysterie erleben, die bisher ohne Beispiel ist«, sagt der frühere Generalbundesanwalt Kay Nehm. Das ist zu befürchten. »Dann werden Schubladen geöffnet«, sagt er, und am Ende wird es womöglich einen »diffusen Tatbestand der Verschwörung« geben. Die Politik der Inneren Sicherheit muss daher Vorsorge treffen, dass das mit einiger Sicherheit nicht passieren kann.

Diese Vorsorge besteht nicht nur in Gesetz und Grundgesetz; die gibt es schon. Sie besteht in der Selbstvergewisserung und Selbstversicherung darüber, was der innerste, abwägungsfeste, unantastbare Kern des freiheitlichen Rechtsstaats ist, ohne den er seine Substanz, seine »ratio essendi«, verliert. Die Diskussion über die Zulassung von Rettungsfolter zeigt, wie wichtig diese Selbstversicherung ist. Es genügt nicht, eine heroische Gelassenheit für die Zeiten der Not zu beschwören; solche Gelassenheit braucht auch einen Anker, den Anker der absoluten Gewissheit: Die Würde des Menschen ist nicht antastbar, nie und unter gar keinen Umständen. Zu dieser Würde gehört auch die Achtung des Kerns der privaten Lebensgestaltung, der jeder Abwägung mit staatlichen Sicherheitsinteressen entzogen bleiben muss. Der Staat, der nur wegen und aus der Freiheit seiner Menschen besteht, darf sich nicht gegen seine Schöpfer wenden. Im ersten Entwurf des Grundgesetzes, im Artikel 1 des Entwurfs von Herrenchiemsee, war genau dies formuliert: »Der Staat ist um des Menschen willen da, nicht der Mensch um des Staates willen.«

Ein Staat, der sich vom Anker der Menschenrechte losreißt, ist kein Rechtsstaat mehr; in einem solchen Staat diktiert der Terrorist die Gesetze, die

Gesetze einer vermeintlich legalen Illegalität. Solche Herrschaft darf nicht gelingen. Das ist der wahre Inhalt eines Grundrechts auf Sicherheit: Recht sichert Freiheit. Sicherheit ist kein abstrakter Wert, sie ist auch keine ominöse Staatssicherheit. Sie ist die Sicherheit der Menschen im Recht.

Literaturhinweise

Giorgio Agamben: *Ausnahmezustand,* Frankfurt am Main 2004

Ernst Albrecht: *Der Staat. Idee und Wirklichkeit,* 1976

Peter-Alexis Albrecht: »Abschied vom Recht«, in: *Vorgänge, Zeitschrift für Bürgerrecht und Gesellschaftspolitik,* Heft 2, Juni 2007, S. 27 ff.

Gerhard Beestermöller / Hauke Brunkhorst (Hg.): *Rückkehr der Folter. Der Rechtsstaat im Zwielicht,* München 2006

Norbert Brieskorn: »Folter«, in: Beestermöller / Brunkhorst, a.a.O., S. 45 ff.

Winfried Brugger: »Darf der Staat ausnahmsweise foltern?«, in: *Der Staat* 1996, S. 67 ff.

Winfried Brugger: »Vom unbedingten Verbot der Folter zum bedingten Recht auf Folter«, in: *Juristenzeitung* 2000, S. 165 ff.

Bürgerrechte & Polizei / CILIP 87, Nr. 2/2007: Internationaler Anti-Terrorismus

Jean Delumeau: *Angst im Abendland. Die Geschichte kollektiver Ängste im Europa des 14. bis 18. Jahrhunderts,* Reinbek 1989

Albin Eser / Winfried Hassemer / Björn Burkhardt (Hg.): *Die deutsche Strafrechtswissenschaft vor der Jahrtausendwende. Rückbesinnung und Ausblick,* München 2000

Ernst Fraenkel: »Das Dritte Reich als Doppelstaat«, in: *Gesammelte Schriften,* Bd. 2: *Nationalsozialismus und Widerstand,* Baden-Baden 1999, S. 509

Frankenberg, Günter: »Folter, Feindstrafrecht und Sonderpolizeirecht«, in: Beestermüller / Brunkhorst, a.a.O., S. 55 ff.

Winfried Hassemer: »Zum Spannungsverhältnis von Freiheit und Sicherheit. Drei Thesen«, in: *Vorgänge. Zeitschrift für Bürgerrechte und Gesellschaftspolitik* 159, Heft 3/2002, S. 10 ff.

Rudolf von Ihering: *Das Schuldmoment im römischen Privatrecht,* Gießen 1867, S. 2

Günther Jakobs: »Kriminalisierung im Vorfeld einer Rechtsgutsverletzung«, in: *Zeitschrift für die gesamte Strafrechtswissenschaft* 97/1985, S. 751 ff.

Günther Jakobs: »Selbstverständnis der Strafrechtswissenschaft vor den Herausforderungen der Gegenwart« (Kommentar), in: Eser / Hassemer / Burkhardt, a.a.O., S. 47 ff.

Günther Jakobs: »Bürgerstrafrecht und Feindstrafrecht«, in: *Höchstrichterliche Rechtsprechung im Strafrecht / HRRS*, 3/2004, S. 92

Günther Jakobs: *Staatliche Strafe: Bedeutung und Zweck* (Vorträge G 390 der Nordrhein-Westfälischen Akademie der Wissenschaften), Paderborn 2004, S. 41 f.

Günther Jakobs: »Terroristen als Personen im Recht?«, in: *Zeitschrift für die gesamte Strafrechtswissenschaft* (117) 2005, S. 839 ff.

Detlef Krauß: »Vom Bürgerstrafrecht zum Feindstrafrecht?«, in: Uwer / Organisationsbüro, a.a.O., S. 79 ff.

Bernhard Kretschmer: »Folter in Deutschland: Rückkehr einer Ungeheuerlichkeit?«, in: *Recht und Politik* 2003, S. 102 ff.

Niklas Luhmann: »Gibt es in unserer Gesellschaft noch unverzichtbare Normen?«, Heidelberger Universitätsreden 4, Heidelberg 1993

Niklas Luhmann: *Das Recht der Gesellschaft,* Frankfurt a. M. 1993

Regina Ogorek: »Wie wehrhaft ist der Staat? Zum Problem präventiver Terrorismusbekämpfung«, in: Kurt Graulich / Dieter Simon (Hg.): *Terrorismus und Recht. Analysen, Handlungsoptionen, Perspektiven. Forschungsberichte der Interdisziplinären Arbeitsgruppen der Berlin-Brandenburgischen Akademie der Wissenschaften,* Berlin 2007

Robert Chr. van Ooyen: *Öffentliche Sicherheit und Freiheit. Politikwissenschaftliche Studien zu Staat, Polizei und wehrhafter Demokratie,* Baden-Baden 2007

Wolfgang Schild: »Der Zweikampf als Gottesurteil in Wagners Lohengrin«, in: Heiner Lück / Bernd Schildt (Hg.): *Recht – Idee – Geschichte. Festschrift für Rolf Lieberwirth anlässlich seines 80. Geburtstages,* Köln 2000, S. 25 ff.

Wolfgang Schild: »*Von peinlicher Frag«. Die Folter als rechtliches Beweisverfahren,* Schriftenreihe des Mittelalterlichen Kriminalmuseums Rothenburg o.d.T. Nr. 4., ohne Jahresangabe

Franz Streng: »Vom Zweckstrafrecht zum Feindstrafrecht«, in: Uwer / Organisationsbüro, a.a.O., S. 227 ff.

Jan Philipp Reemtsma: »Zur Diskussion über die Re-Legitimierung der Folter«, in: Beestermöller / Brunkhorst, a.a.O., S. 69 ff.

Philipp Thiée: »Feindstrafrecht im Islam«, in: Uwer / Organisationsbüro, a.a.O., S. 195 ff.

Thomas Uwer / Organisationsbüro der Strafverteidigervereinigungen (Hg.): *Bitte bewahren Sie Ruhe. Leben im Feindrechtsstaat,* Berlin 2006

Heribert Prantl

Kein schöner Land

Die Zerstörung der sozialen Gerechtigkeit

Spitzenpolitiker der Generation, die in den 60er und 70er Jahren den sozialen Aufstieg geschafft hat, kappen die Verbindung nach unten. Die neuen Gesetze fördern die neue Armut.

Die Führungsschicht in Politik und Wirtschaft kompostiert die soziale Verantwortung. Ihre Reformpolitik ist einseitig und gefährdet den Zusammenhalt der Gesellschaft. Sie schützt nicht vor sozialen Risiken, sondern produziert diese Risiken neu. Sie fördert nicht den Gemeinsinn, sondern praktiziert Gemeinheit. Sie entsorgt die Solidarität und belastet damit die Familien mit Kindern. Die Leute werden arm gemacht, kriegen aber keinen Job.

Die Folgen einer Politik, die weder sozial noch christlich, sondern vor allem unanständig ist, sind abzusehen: Die Volksparteien entfremden sich dem Volk, die Wähler laufen in Massen weg. Dann schlägt die Stunde des Populisten.

Droemer